DAMARIS
OV
L'IMPLACABLE MARASTRE,

Histoire Allemande.

Par M^r. DE BELLEY.

A LYON,
Chez AMBROISE TRAVERS,
en ruë Merciere.

M. DC. XXVII.
Auec Priuilege & Approbation.

A MONSEIGNEVR,
Monseigneur l'Illustrissime Traiano Guiscardi, grand Chancelier de son Altesse de Mantoue en Monferrat.

ONSEIGNEVR, puisque la maistresse de nostre vie, vraye Mere des Temps, & Messagiere de verité nous a iusques à present depeint au naturel le maniement des affaires passées, nous ne pourrons qu'apres nos pre-

EPISTRE.

decesseurs considerer ce qui est de nostre temps, & où ils ne se seroient entretenus il semble que se voyans preuenus de mort ils nous auroient subrogez pour suppleer à leurs desseins. Ils n'ont peu que deuiner de nous ou en parler par coniectures; celuy qui les a touchées au doigt & les a recónues pour vrayes en peut escrire, sans aucun soupçon de ialousie & auec plus grád auantage que tout autre. Monseigneur l'Illustrissime & Reuerendissime Euesque de Belley, qui tant est con-
nu

EPISTRE.

nu en noſtre Europe par ſes doctes eſcrits & œuures autant vertueuſes que meritoires nous en rend plus de teſmoignage que ie ne pourrois vous le repreſeter: la Poſterité auſſi luy en aura d'autant plus grande obligation que le ſaint zele de ſeruir au public l'a inuité à ce faire. Le reconnoiſſe qui voudra, les biens-faicts ne meurent pas. Nos predeceſſeurs renaiſſent & reuiuront encor aprez nous. S'ils ne veulent nous ſuiure à la piſte ils apprendront auſſi bié que nous au hazard de leur

EPISTRE.

vie, de leur honneur & de leurs biens d'estre sages. Il leur importe autant & plus qu'à nous de viser à cet hōneur qui est le bien & la vraye gloire de nos felicitez mesmes les plus desirées. Telle en est l'Escolle de nostre Maistresse, dont les principes sont infaillibles. Les belles traditions & les doux enseignemens de nostre Mere n'en sont moins à mespriser. Les bonnes nouuelles & les veritables recits de nostre Messagiere en seront aussi d'autant plus delectables que ses fondemēs

&

EPISTRE.

& ſes inſtructions en ſont memorables. Si celuy que nous appellons Sage & Diuin nous rend obligez à l'hiſtoire, pour ce qu'elle arreſte le flux de noſtre memoire, qui autrement ſeroit de trop peu de durée, quelle obligation aurons nous à ce Seigneur & ce Prelat qui a daigné diuertir ſes ſaintes eſtudes & plus ſerieuſes occupations pour nous moralizer ces deux hiſtoires que ie vous offre. Il ne tiendra qu'à nous que nous n'en ſoyons mieux ciuiliſez. Que liſons nous auoir eſté plus

EPISTRE.

recommandable à vn Alexandre, à vn Cesar, & à tant d'autres illustres Princes & excellents personnages, que la lecture des histoires. Tel en est le preiugé de vostre excellence en ces recherches tant curieuses, qui m'a representé cette lumiere de vertu qui fait esclatter vos merites au dessus de la gloire de vos ancestres, que vous agreerez cet œuure & le rédrez autant recommandable à vn chacun que vostre nom retentit parmy nostre France & les Pays estrangiers. Mon dessein n'est pas
de

EPISTRE.

de deduire icy les affaires que vous auez traicté en vos embaffades tant de fois reïterez, autant au contentement de noftre France & pays circonuoifins, qu'à la manutention de l'eftat de fon Alteffe. La vertu que vous y auez fi eftroittement embraffé nous deuroit exciter à mouller nos actions à voftre exemple, comme elle vous a fait butter à cette vraye felicité, ferme & ftable poffeffion, fur laquelle la fortune la calomnie, la maladie, la vielleffe ni l'aduerfité n'ót aucune puiffan-

EPISTRE

ce, ains au contraire & à la longueur du temps, qui ruine toutes choses, elle croist & de plus en plus s'augmente. Cet accroissement de vertu depuis quelques années né dans ma pensée, a si viuement rayonné dans mõ ame, qu'il en a eschauffé les desirs de mon cœur, mais de vostre lumiere les a illuminez en telle sorte, que toutes les raretez & les beautez qui se sont peu representer en l'idée de mon esprit, n'õt fait autre reflection que sur l'honneur de vostre accez, qui me fait souhaitter le bon

EPISTRE.

bõheur de vos lettres. Souhaits qui me feront vn iour naiſtre des occaſiõs de vous teſmoigner amplement mes debuoirs, comme ie vous ay conſacré mon obeyſſance par cet eſcrit, lequel ſi vous aggrées vous le receurez auec telle affection que ie vous l'offre & le dedie. L'aſſeurance de telle faueur de vos graces me fera ſouſcrire tant que ie viuray ſous l'honneur de vos commandemens.

MONSEIGNEVR,
  Voſtre tres-humble ſeruiteur,
   AMBROISE TRAVERS.

A Lyon ce 15. Iuin, 1627.

APPROBATION.

AINSI ce bel esprit de Mr. le Rme. de Belley traicte dignement Damaris & Aloph couuerts & reuestus à la Françoise, y faisant veoir des belles moralitez de ses dignes & belles inuentions, qui meritent d'estre veuës, leuës, & & sçeues de tous. Comme tres-digne Prelat en l'Eglise de Dieu il ne dit que conformément selon la Foy & les bonnes mœurs,

mœurs, & comme ses autres
œuures celles-ci meritent
la presse. Faict à Lyon ce
19e. de Mars. 1626.

Fr. ROBERT BERTELOT,
Euesque de Damas.
DE VILLE.

CONSENTEMENT.

JE n'empefche pour le Roy que les liures intitulez DAMARIS & ALOPH par Mr. de BELLEY, foyent imprimez & mis en lumiere par Ambroife Trauers, auec deffences en tel cas requifes. A Lyon ce 1. iour de May, 1627.

PVGET,
Pr. du Roy.

PERMISSION.

Soit fait conformement aux conclusions du P^r. du Roy, auec defences à tous Libraires & Imprimeurs en tel cas requises.

AVSTREIN.

Faict à Lyon ce
5. May, 1617.

AVANT-PROPOS.

DIEV me preserue de tomber dans le zele indiscret de ceux qui declament contre les secondes nopces. Les condamner ce seroit heresie, & les blasmer excessiuement comme ont faict quelques anciens d'ailleurs doctes & releuez personnages, seroit vne faute condamnable, & ceux qui les ont appellez vne honneste intemperance ont peut-estre monstré plus d'intemperance en leur langue, & de precipitation en leurs discours que ceux qui les ont pratiquées en leur corps &

leurs

Auant-propos.

leurs conseils. Il y a des occurrences ausquelles Dieu pour sa plus grande gloire dispose des personnes à y passer & consumer, non pas les secondes, mais les troisiesmes & quatriesmes, seroit vne temerité manifeste. I'auance ce mot, mon Lecteur, afin que le titre de ce liure ne t'effraye pas, & ne semble à ceux qui iugent de l'arbre par l'escorce que ie condamne ou rejette les secondes nopces en mettant toutes les marastres au rang de celle que ie depeins icy: Vne arondelle ne fait pas le printemps. Ie sçay qu'il y a des Belles Meres, qui à ceste premiere qualité adioustent celles de bonnes, & qui ressemblent aux perdrix qui couuent auec autant de passion les œufs qu'elles n'ont pas pondus, & minent auec autant d'empressement les perdreaux d'vne autre couuée que s'ils estoient de leur façon.

Auant-propos.

façon. Comme les arbres entez sont les plus francs, souuent il arriue que les amitiez de nostre inclination & election sont plus fortes, comme plus raisonnables que celles du sang & de la nature, bié que d'ailleurs celles-cy ayent vn merueilleux ascendant sur l'esprit humain. Nonobstant tout cela & la multitude des exemples qui ont formé l'experience & la commune opinion, a fait vn fait Prouerbe de la haine des marastres pour exprimer vne auersion irreconciliable & vn implacable courroux. Et vn autre prouerbe fait pour vn second mariage declarer la guerre aux enfans du premier lict. Et à dire la verité, si les partages des biens mesmes entre les freres de mesme Pere & de mesme Mere se fait rarement sans diuision de cœurs & de volontez, quand il faut faire tant de portions subdiui-
sées

Auant propos.

sées par la diuersité des licts, il est bien mal-aisé que la concorde ne soit alterée; & void-on notoirement que ceux qui sont freres de Pere ou vterins n'ont pas ceste pleine & entiere dilection & alliance qui est entre ceux qui sont nez de mesme sang & de mesme chair. Dans les familles des Saincts cela s'est veu, Isaac & Ismaël chez Abraham l'amy de Dieu, les enfans de Lia & ceux de Rachel en la maison de Iacob ne se sont pas bien accordez. Encor vne fois ce n'est point pour blasmer ny pour censurer les secondes nopces, estant vray que les exemples singulieres ne doiuent point passer en loix ny en regles vniuerselles. Celuy que ie raconteray maintenant semble toutefois crier aux vieillards qu'ils prennent garde aux escueils, & à ne se mettre pas sur la mer des secondes nopces sans

beau

Auant-propos.

beaucoup de considerations. Et L'IMPLACABLE MARASTRE que ie depeins fait cognoistre qu'il y a des naturels malings qui comme les Tigres ne s'apriuoisent iamais, tousiours enclins à faire du mal, & n'estans au monde comme les animaux venimeux que pour nuire. Ie la produicts comme l'on fait les animaux farrouches ou les monstres pour vn spectacle de terreur, afin de faire horreur de ses vices à ceux qui se trouuent dans son imitation par l'horreur des crimes qui luy causerent vne fin si deplorable & tragique. Car comme dit vn de nos meilleurs Poëtis.

Le vice enseigne plus quand on veut l'euiter.
Que ne fait la vertu penible à imiter.
Mais de peur de pecher contre les regles

Auant-propos.

regles de la proportion & de la simmetrie faisant vn grand Portail à vne petite maison, & vne longue Preface à vn court ouurage, ie ne retarderay pas dauantage Lecteur, la faim que ie sens qui te presse de deuorer des yeux ceste Relation; sur la fin de laquelle i'ay mis quelques considerations morales qui sont comme autant de rayons de miel espreints sur les fleurs de ce petit parterre.

DAMARIS.

LA Franconie est l'vne des riches & fleurissátes prouinces d'Allemagne. C'est de là que sortirent ceux qui les premiers conquirent & gouuernerent cette partie de la Gaule, qui s'appelle France, laquelle a pris son nom de ces Francs ou Franconiens, & est maintenant habitée par les François. Car de tirer l'origine de nostre nation de ce Francus ou Fran-

A

cion, fils d'Hector & petit fils de Priam, pour nous faire descendre comme les Romains du sang de Troye, il me semble que c'est vne opinion plus digne des fables & de la vanité des poëtes, que de la verité & grauité de l'histoire. Il y a deux celebres citez en cette contrée là, qui se disputent la preéminence: Virtzbourg, que les anciens appelloient Herbipolis dont l'Euesque est Prince souuerain (comme sont la plus grand part des Prelats d'Allemagne) & qui se dict Duc de Franconie
&

& Ausbourg nommée autresfois Auguste ville Imperiale, fameuse pour ce Senat qui tient la iustice de l'Empereur & l'vne des chambres de l'Empire: celle là située sur le riuage du Rhin, ancienne borne de la Gaule, sembleroit auoir plus de commodité de s'enrichir par le trafic & la commodité de ce grãd fleuue, mais il s'en faut beaucoup qu'elle soit renommée pour son commerce comme Ausbourg, qui a celà d'admirable, que pour estre bien auant dans la terre, & esloignée du Danube & du Rhin, que l'on peut appeller les deux bras & les deux mammelles de la Germanie, & sans secours de riuiere celebre est neantmoins si marchande, qu'il y a peu de villes maritimes qui la surpassent en richesse & en abondance. Si bien que l'on peut dire, que si Virtzbourg la surpasse en estéduë de païs & de iurisdiction, Ausbourg surmonte l'autre sans comparaison en peuple, en grandeur, en palais, en biens & en magnificence. Ce fut en celle cy que l'Empereur Charles cinquiesme vsé de fatigues

plus

plus que de l'aage, & las des guerres d'Allemagne fit cet INTERIM, & pour la paix de cette grande côtrée de l'Europe laiſſa viure en leur opinion ceux qui ſuiuoient la creance de la confeſſion qui fut appellée d'Auſbourg, plus pour y auoir eſté preſétée à l'Empereur, que pour auoir eſté forgée dans cette belle ville. Ce fut ſous l'Empire de Ferdinand, qui en fut inueſti par la demiſſion volontaire de Charles qu'arriua dans cette nombreuſe cité la funeſte trainée d'euenements que ie vay deduire.

Vn riche citoyen, qui se fera connoistre sous le nom de Volfang, auoit coulé sa vie dans vne felicité si constante & durable, que si celuy-là est mal-heureux auquel il n'est suruenu aucun desastre, il se pouuoit dire infortuné en sa bonne fortune. Comme la tranquilité d'vne Republique met à l'abri toutes les commoditez des particuliers, & comme les facultez des familles priuées composent l'opulance publique, cestuy-cy se pouuoit dire des mieux accommodez. Mais comme
le

le plus haut point de son bon heur fut en la possession d'vne femme des plus belles & vertueuses qui fust en la ville, auec laquelle il auoit passé la plus douce vie qui puisse tomber en l'imagination des hommes ; la mort, dont la faux prend plaisir à trancher les plus belles fleurs, le priua de sa chere compagne, lors qu'il sembloit auoir plus de besoing de son aide pour le soulager en sa vieillesse, il commençoit à saluër le sexagenaire, & n'en estoit esloigné que d'vn demy lustre, trop heureux en sa perte si elle eust esté promptement suiuie de sa mort, sans que la fortune, qui ne donne iamais d'indulgences plenieres, le reseruast à des malheurs si cruels que ceux qui termineret ses derniers iours; il se fust sans doute donné en proye à vne douleur inconsolable, & qui l'eust porté au tombeau pour y prendre part à la mort de sa chere moitié, s'il n'eust en cet euenement, qui esbransla sa constance iusques dans les fondemens, esté soulagé par les consolations & la presence de deux beaux enfans,

ga

gages precieux de son mariage & images viuantes des beautez & des vertus de la mere. Celuy qui ne vouloit se conseruer pour soy mesme, se laissa aller au desir de retenir son ame dans son corps pour l'amour de ceux qui estoient la lumiere de ses yeux, & qu'il cherissoit plus que sa propre vie. C'estoient les miroirs où il renuoyoit tous les iours les perfections de celle dont la priuation luy estoit d'autant plus cruelle que la ioüissance luy en auoit esté agreable. Son fils & sa fille (c'est tout ce qu'il auoit d'enfans) estoient ses deux bras, ses deux yeux, & les deux piliers de sa maison. Tout son soin estoit de les esleuer, & de meubler leurs ames de tant de loüables qualitez que l'vne peust estre alliée en quelque lieu digne de sa naissance, & l'autre capable de tenir vn rang notable dás les charges que cette Republique donne à ceux qui ont le plus de merite. Son aage, qui le dispésoit de tenter vn autre naufrage & qui retiroit ses pensées des secondes nopces, luy faisoit couler ses iours

iours auec ses deux enfans auec autant de paix & facilité qu'il sembloit que la fortune voulust oindre elle mesme la blesseure qu'elle luy auoit faicte. Mais la traistresse faisoit comme le boucher qui gratte l'animal duquel il veut couper la gorge, & qui n'est iamais tant à craindre que quand elle paroist plus fauorable.

Il ne se treuue rien de durable en
ce monde,
Tousiours sera trompé qui son espoir
y fonde.
La fortune est instable & oncques
ne voudroit
Arrester constamment sa boule en vn

endroit:
Auſſi faut recevoir comme choſe uſagere
Les revocables biens qu'elle preſte legere,
Et ne s'en aſſeurer, ny fonder ſon eſpoir,
Comme deſſus vn bien qui ne puiſſe dechoir.

C'eſtoit auoir tenu trop long-temps vn homme au haut de ſa rouë, il faut toſt ou tard que l'on en ſente la perte & le declin. Ceux qui gouſtent ſon ſuccre au commencement de leur vie en ſentent le desboire à la fin, & ceux qu'elle abbreuue d'abſinthe & qu'elle eſleue parmy

my les trauaux en leur ieuneſſe ſauourét plus ordinairemét
que les autres de la tranquilli-
té en leur vieilleſſe. Elle a des
ruzes pour faire prédre le ſault
à ceux qu'elle veut precipiter,
& il faut eſtre bié accort pour
preuoir les endroits par où elle veut ſurprendre. On a beau
dire en la vie ciuile, comme
en celle de la grace, que celuy
qui eſtoit debout prenne garde à ne ſe laiſſer cheoir: quand
les mal-heurs nous viennent
accueillir, dict cet Ancien, le
iugement humain perd ſa lumiere, noſtre prudence ſon eſ-
crime; c'eſt voguer contre vent

&

& marée que de penser faire de la resistance à l'impetuosité de la mauuaise fortune. Cette traistresse l'attaqua par où il se deffioit le moins, & par où il estoit d'autant plus foible qu'il pésoit estre plus fort.

Macrin, c'estoit son fils, paroissoit dans les bonnes compagnies autant que ieune hômme de sa qualité, & son aâge qui estoit sur le milieu du cinquiesme lustre faisoit paroistre des esclats en cet Orient qui promettoient beaucoup de splendeur en son midy, il auoit de la science autant qu'il luy en falloit pour estre appellé capapable entre les lettrez, & du courage secondé de la practique des exercices militaires assez pour estre parmy les armes tenu pour adroit & vaillant. Il estoit à la porte & sur la veille de se voir dans l'employ que ceux de sa sorte pouuoiét esperer dans l'estat où il estoit né. Il estoit de fort bonne mine, d'vne presence agreable, de compagnie desirable, d'vne conuersation complaisante, & pleine d'attraicts; & tel, qu'il y auoit peu de cœurs qu'il ne forçast insensiblement à luy vouloir quelque sorte de bien. Il se fit, estant recommandé de tant

tant de parties signalées, vn amy & vne amie dans vne mesme maison, où ayant faict amitié particuliere & fort estroitte auec le frere, s'il l'eut pour compagnon, il eut sa sœur pour maistresse. Sa frequétation ordinaire luy ayant tellement acquis l'amitié d'Arnobe, qu'il ne pouuoit non plus viure sans luy, que sans son ame propre, il luy fut aisé par luy de s'insinuer aux bonnes graces de Christine, qui ne voyant que par les yeux, & ne iugeant que par la cognoissance de son frere, ne se peut empescher qu'elle n'honore
ce

ce qu'elle luy void aimer, eſtât d'ailleurs ſeruie de Macrin auec tant de reſpect qu'il ne ſe faille depoüiller toute humanité pour n'en auoir point de reſſentiment. Mais tout celà n'eſtoit encores qu'amourettes, c'eſt à dire, des imparfaictes affections qui ne tenoyent qu'aux yeux, au ris, au teint, aux cheueux, au babil, & à la morgue, inclinations volages & paſſageres, qui tenoyét de l'aage de ces Amans qui n'auoyent encores de iugement qu'en bouton, ny de la vertu qu'en bourre. Si Macrin eſtoit ordinairemét chez Arnobe,

Arnobe, cettuy-cy n'estoit pas moins souuent chez Macrin, cultiuans ainsi leur amitié par vne frequente conuersation, en laquelle ils se communiquoyent leurs desseins, & leurs plus secrettes pensées. Edite sœur de Macrin ne fut pas si heureuse en la rencontre d'vne amie, car pensant attirer chez elle vne fille, en qui elle auoit vne particuliere confiance, elle y fit entrer le cheual de Troye, qui mit en cendre toute la maison de Volfang. Damaris, ainsi s'appelloit cette confidente, estoit vne fille de ses voisines, auancée

DAMARIS.

cée en aage, & qui commençoit à saluër le huictieme lustre, temps auquel la beauté du sexe commence à pancher vers l'Occident, neantmoins auec cette douceur peu esclatante qu'ont les rais du Soleil quand il se veut coucher. C'estoit vne humeur altiere & libre, impatiente de ioug & de superiorité, la mort l'ayant priuée de son pere & de sa mere, la maiorité l'ayant renduë maistresse de son bien, elle le voulut estre d'elle mesme, & de ses actions : & bien que les loix ne permettent pas que les filles soyent iamais en leur

leur puissance, les mettant en la main de leurs plus proches parens, en attendant qu'elles viennent en celle des maris, celle-cy se treuua d'vne humeur si bigearre & si peu traittable, que ne pouuant compatir en aucun lieu, pas vn de ses proches ne se voulut charger d'elle, ni elle estre en la charge d'aucun. Elle se retira donc à part, faisant son mesnage, & gouuernant son bien à sa fantasie. Ce genre de vie qui l'exemptoit de toute regle & de toute subiection, la rendit fort libre en ses coustumes. Elle n'estoit pas

tant

tant belle de nature, & si elle n'eust emprunté quelque aduantage de l'art, le temps qui ronge les choses les plus dures, & qui broute comme de tendres fleurs les plus rares beautez, eust sans doute rauagé ce peu qui paroissoit en son visage, mais le soin qu'elle auoit de se conseruer dans cet element de son sexe, & de reparer par vne continuelle diligence les defauts que ses ans luy apportoyent de iour en iour, la faisoyent paroistre non pas ieune, mais beaucoup moins vieille qu'elle n'estoit. Son esprit estoit vif & hardy, son naturel eſtoit hautain & arrogant, fille au reſte à qui l'vſage & la longue prattique du monde auoit apporté beaucoup de cognoiſſance, de laquelle ſi elle euſt vſé en bien, autant qu'elle en abuſa, l'appliquant au mal, elle n'euſt pas eſté l'eſcueil de tant de naufrages qui doiuent noircir ce narré de leurs debris. De vous dire ſi elle eſtoit de bonne, ou de mauuaiſe vie, il ſeroit malaiſé : parce qu'elle auoit tant de ſoupleſſe & d'accortiſe en ſa conduite, qu'elle fuyoit toutes les apparences qui pouuoyent ternir autrement ſa renom-

nommee : que si les coniectures pinçoyent sur sa reputation, elle renuoyoit tout cela par vn mespris hardy à l'enuie, & à la mesdisance. Quelques vns disent que l'orgueil estant vne eleuation d'esprit subiect à de grandes cheutes le sien ayant esté notoirement imbu & enflé d'vne tumeur qui la rendoit vaine, fiere & arrogante. On peut iuger par là, que si elle eust demeuré, debout, c'est plustost en l'opinion de ceux qui n'ont pas remarqué ses erreurs qu'é l'effect. D'autres repliquent à son aduantage, que la vanité sert
de

de bouclier à l'honnesteté, & que celles qui sõt desdaigneusement belles sont pour l'ordinaire orgueilleusement chastes. On ne peut pas dire d'elle comme de la vaillante vefue de Betulie, qu'on n'oüit iamais auancer d'elle vn mauuais propos. Car cette vieille fille (comme vn faquin de quintaine) estoit le commun blanc des traicts de la mesdisance, & du murmure des langues. Et s'il est vray que cette femme est la meilleure, de qui l'on parle le moins, celle-cy estoit des pires, parce qu'elle estoit de celles de qui l'on parloit le plus

plus. Son humeur luy estoit bien cause de tous ces discours qui se renoyent à son desaduantage: car comme il est necessaire que celuy-là on craigne beaucoup, qui se fait redouter à tout le monde, celles qui se meslent de iuger, de railler, de se moquer, & de parler d'vn chacun (mestier ordinaire de celle cy) s'exposent au iugement de tous, & se mettét au pillage de la mesdisance. Mais puisque l'on ne peut rien dire de certain, ny qui puisse faire prendre coup à sa renommée, il est tousiours plus conuenable de se ranger à droicte qu'à gauche, & de prendre le meilleur party, si nous ne voulions errer en iugeant temerairement. Qu'elle fust donc entiere de corps, ou pour la vanité qui luy faisoit apprehender l'infamie inseparablement attachée à vne vie deshonneste, ou pour estre surueillée par ses freres & ses autres parens, qui auoyent interest à sa reputation : soit que le defaut de beauté la mist au rang de celles, dont ce Poëte a chāté:

Celle-là seule peut estre chaste appellée,

Qui

Qui n'a iamais esté des muguets cajolée.

Lors que la ieunesse repandoit plus de fraicheur sur son visage parmy quelques fleurs qui pouuoyét attirer les yeux de quelques poursuyuans, se cachoyent les espines & les poinctes de cette humeur hautaine, aigre, & imperieuse, qui en chassoit plus d'aupres d'elle, que sa bonne grace n'en pouuoit attirer. On ne la pouuoit mieux comparer qu'à ces marrós, qui offrent vn fruict enuironné de tant de piquans, qu'on le laisse là, si l'on n'a de bonnes mitaines. Là deſſus l'aage ſur-uenant, comme l'hyuer, commença à eſcarter toutes ces mouſches de pourſuyuans, qui ne volent qu'à la douceur, & les richeſſes ſeruent d'amorce à leur appetit. La ſolitude eſt ſon partage, & bien qu'elle feigne de deſdaigner le Mariage, ne iugeant pas que ſon cœur ſe puiſſe aſſujettir à la ſoumiſſion, à laquelle ce lien oblige vne femme, ſi eſt-ce au plus loing de ſa penſée : de ſorte que ce traict du Pſalmiſte luy peut eſtre inſtrument d'hardie:

*Sa bouche est arrogante, & ses leures menteuses
Ne peuuent advancer que paroles venteuses.*

Et d'effect, à la façon de celles qui commencent à se laisser prendre par les yeux, quand leurs regards n'ont plus d'attraits, ny leur teint d'amorces pour surprendre les autres, elle ietta ses pésées sur la conqueste d'Eraste, ieune Gentilhomme de fort bonne maison. Son cœur vsé & ferlaté de mille diuerses passions, qui y auoyent logé, comme dans vne hostelerie où chacun passe & personne ne demeure, auoit apprins dans l'experiéce de plusieurs conuersations les moyens de lancer dans les cœurs ce feu subtil, dont les effects ne sont pas moins estráges, que ceux de la foudre. Cette vieille fille suppleoit par ses ruses aux máquemens de sa beauté, & embarquant insensiblement l'innocéce de l'vn dans sa recherche, l'emmena iusques aux termes de la desirer, si les parés de l'adolescent n'eussent esté plus vigilans à sa conseruation, qu'il n'estoit precipité à sa ruine. Ses moyés qui estoyent beaucoup plus grands

grands que ceux de cette affettée, qui estoit plus esprise que celuy qu'elle auoit surpris, mais qui dissimuloit son feu auec beaucoup plus de prudēce: son aage qui dispensoit les plus hastez d'entendre au Mariage: les siens qui auoyent de plus grands & releuez desseins pour luy, ayans euenté cette mine, en escarterent le ieu, & en dissiperent l'effect, defendans à leur fils la frequentation de cette rusée: laquelle tenant cet oiseau par vn filet, feignoit de luy donner l'essor, encor qu'elle le retinst, & au

B 4

mesme temps qu'elle luy donnoit congé en apparence, sous main elle le rappelloit. Le ieune Gentilhomme suspédu entre la violence de ses desirs, & la crainte de desplaire à ceux à qui il deuoit tout, ne sçauoit à quel party se rendre: la Passió, & la Raison, comme les deux femmes qui disputoyent deuant le plus sage des Roys, se debattans à qui emporteroit son cœur, il n'osoit plus si ouuertement visiter Damaris, ny se treuuer aux côpagnies où elle alloit, de peur d'estre tancé par ceux qui le fai-soyent

soyent espier & surueiller à ses actiõs. Mais qui peut empescher les prattiques cachées, & les menées secrettes? C'est celuy qui peut peser le feu, & mesurer le vent. La defense aiguise les desirs de ce iouuenceau, & la crainte au lieu d'esmousser sa passion redouble son esperance. Rien ne pique tant le cœur humain que la contradiction: chasser vne mousche, c'est luy donner sujet de reuenir. Damaris ne tint iamais si ferme Eraste, que quand on s'efforça de le luy arracher: luy defendre de la voir, c'estoit l'inuiter à la desirer auec plus d'ardeur, & au lieu d'eau verser de l'huile sur ses flammes. Ils en estoyent en ces termes, attendans à la rade que quelque vent plus fauorable les poussast vers le port de leurs pretensions, quand vn fortunal vint accueillir les voiles de Damaris, & porter son vaisseau parmy les orages & les tempestes. Elle auoit l'esprit entrant, & des charmes en sa conuersation, dõt la force n'estoit pas mediocre: & comme sa naissance estoit honnorable, aussi auoit-elle vn libre accez dãs les

les meilleures maisons, & tenoit-on à beaucoup d'honneur ses visites. Elle estoit parmy les filles de sa cognoissace, non pas en beauté, mais en autorité, comme vne Diane parmy ses Nymphes; ou comme vn grand croissant, qui remplit son rond parmy les moindres estoiles, que la nuict fait paroistre dans le ciel. Ses propos estoyét tenus cóme des oracles, par celles qui sçauoyét son experience en la conduitte de la vie, & aux plus simples elle faisoit croire tout ce qui luy plaisoit. Elle regnoit auec vn empire si artificieux, & exerçoit vne si douce tyránie sur leurs esprits, que c'estoit assez qu'elle eust dict vne chose, comme aux disciples de Pythagore, pour la faire passer en cause iugée. Par ses industries elle print vn si fort ascédant sur l'esprit d'Edite, qu'il sembloit qu'elle fust l'Astre qui eust presidé à sa naissance, tant elle auoit de puissáce sur ses inclinations, & ses mouuemens. Cette-cy l'appelloit sa Maistresse, l'autre la nómoit son escoliere; & sous cette alliance elle inspiroit ses maximes d'estat à cette

cette ieune fille, qui eſtoit seulement en son aage sur le milieu du quatrieme luſtre, & ce nouueau vaſe receuoit auec tant d'auidité la premiere liqueur de ſes enſeignemens, que ſon oreille attachée à la langue de Damaris, ſembloit ne ſe plaire à aucune harmonie, tant qu'à ſes paroles. Elle ne peut durer ſans elle; & comme la ieuneſſe tendre eſt ſuſceptible de toutes impreſſions, & ſe porte à ce qui luy plait auec d'autant plus de precipitation, qu'elle a moins de iugement, Edite ſe rendoit ordinaire nairement chez Damaris, ou Damaris estoit attirée par elle en la maisõ de Volfang. Que faittes-vous, Edite? voulez-vous retirer le cheual Seïan, ou le Troyen chez vous, à fin d'y attirer le malheur, & la combustion?

Las! en quelles tenebres
Les mortels passent-ils la course de
leurs iours?
Qu'ils sont peu attentifs à destour-
ner le cours
Des accidens funebres.

Edite ayant tant de creance en Damaris, cette fidelité obligea celle-cy à la confiance : si bien qu'au lieu de se cacher deuant elle, lors qu'elle le estoit secrettement veuë par Eraste, cette vieille rusée qui sçauoit faire flesche de tout bois, se seruit de l'ombre & de l'aide de cette fille pour pouuoir parler à son Amant, dans le logis de Volfang. Ce ieune Gentilhomme, estant bien venu par tout, estoit accueilly par le vieillard & par son fils Macrin selon sa qualité, ioinct que son merite luy seruoit de lettre d'entrée capable de le faire bien receuoir en tous lieux. Là Damaris se rencontroit, & apres que cet Amant (pareil aux lousches qui regar gardent d'vn costé, quand ils visent de l'autre) auoit commencé par vn leger entretien d'Edite, dont l'esprit encor enfantin n'estoit pas capable de gráds discours, il acheuoit par celuy de Damaris, qui estoit bien plus long & plus serieux. Ainsi l'vne estoit le pretexte, & l'autre le sujet de sa visite. Il n'est rien de plus facile, que de tromper la simplicité d'vn enfant. Au commencement Eraste ayant recité quelques vers auec vne voix, qu'il auoit assez bonne, en donnoit des copies à Damaris, qui exprimoyent

moyent sa passion: quelques fois c'estoit par les mains d'Edite. En fin sous l'escorce des vers la prose se coula, & par vne metamorphose (comme aux vers à soye) ceux-cy deuindrent des oiseaux, qui comme de branche en branche des mains d'Edite voloyent en celles de Damaris, qui se seruoit de cette chanterelle pour attirer l'autre dans ses filets. l'estale ainsi les ruses de cette malicieuse, à fin que par ces toiles à prédre des mousches vous iugiez de la poison de cette pestilente aragnée. On dit que

que quand cet animal fait ses tissus auprès des ruches que l'œconomie des abeilles en est aussi tost embarassée & dissipée. Celle-cy tendant ses trames dans la maison de Volfang en couertira en fiel & en absinthe tous les rayõs de miel. Les parens d'Eraste faisans suruetiller ses actions & sur tout prédre garde aux lieux ou il frequentoit (à quoy doiuent soigneusemét auoir l'œil les parens, parce que la jeunesse prend aisemét les mœurs de ceux qu'elle hante) furent auertis de la trame que Damaris auoit ourdie

ourdie pour le voir & luy parler en la maison de Volfang. Il n'y a rien de si secret qui ne soit euenté, ny de si caché qui ne se fasse cognoistre : les filets des araignées sont fort deliez, mais aussitost se rompent-ils au moindre souffle. Ceux, à qui Eraste appartenoit, iugerent bien que pour esteindre ce feu, qui s'estoit allumé dans la poitrine de leur fils, il falloit ietter de la terre dessus, ie veux dire l'escarter de ce suject aimé. Le temps & l'absence estans de souuerans remedes pour sonder les playes
que

que ce frác-archer, qui frappe si droit ayant les yeux bandez, faict dans les cœurs. Ils feignent que pour le ciuiliser & polir il le falloit depaïser & luy faire voir la Cour de l'Empereur, qui estoit lors à Prague ville capitale de la Boheme. Quelques pleurs que respandist le jouuenceau pour ne quitter point les foyers paternels quelques oppositions qu'il sceut faire, il fallut se resoudre à ce voyage, que Damaris iugea funeste à son affection & deuoir estre le sepulchre de ses esperances. Ainsi

DAMARIS. 45

Ainsi furent separez ces Amans, non sans auoir par de nouueaux sermens, & des protestatiõs solennelles rafermy leurs narrez & rafraischi leurs vœux.

Mais c'est bien loing dedans les vents
Que vont ces propos deceuants.

Tandis qu'Eraste s'ẽ va, prenant le Ciel & la Terre à partie, accusant les Astres & le Destin, & dépitãt iniustement contre le soin que les siens ont de son bien, à la façon de ceux qui se faschent contre le Chirurgien qui les pése de leurs vlceres, il auoit l'esprit l'esprit beau & cultiué par l'estude (les Gentils-hommes Allemans ayans cette loüable coustume d'honnorer Pallas armée, & de joindre soigneusement les lettres auec les armes) ce qui feit qu'en cheminant sur le subject de son absence il feit des vers en Allemãd, que ie n'ay peu rendre comme il eut falu en nostre langue pour le peu de cognoissance que i'ay de celle-là: mais par vn chãge heureux & auantageux ie mettray en leur place cette plaintiue Elegie d'vne de nos Maistresses Muses, que

DAMARIS.

si les parolles sont diuerses, il y a quelque rapport au sens.

ELEGIE.

Comme, alors que le iour s'est caché sous la terre,
Le soucy plus ouuert se referme & reserre,
Ne daignant laisser voir a son petit orgueil
D'autres flammes ez cieux que celles du Soleil:
Ainsi, quand les mal'heurs qui trauersent ma vie
M'ont de mon clair flambeau la presence rauie,
Le mien se fermeroit dolent de ne voir rien
Qui ne semble exprimer la perte de son bien,

Et

*Et dedaigneux de suiure, en l'ombre
  ou ie chemine
Vne lumiere humaine au lieu d'vne
  diuine,
Fuiroit en quelque lieu de clarté despourueu,
Cherchant de ne rien voir & de n'e-
  stre point veu,
Si le poignant regret, qui me cause
  ma perte,
Ne tenoit ma paupiere incessamment
  ouuerte
Aux pleurs, dont le ruisseau coule sans
  s'estancher
De mon cœur miserable ainsi que
  d'vn rocher.
De vous depeindre au vif les peines
  que i'endure,
Errant en vne nuict si tristement
  obscure
L'ingenieux pinceau des plus rares
  esprits*

Laissai-

Laisseroit vainement s'il l'auoit entrepris.
Vous, imagines les, qui pouuez par
vous mesme,
Par vos perfections, par mon amour
extréme,
Par l'aise que i'auois deuant vostre
beauté
Iuger quel mal ie souffre en estant ab-
senté.
Le mal n'est guiere grand qui se peut
bien depeindre :
Et ie sçay mieux souffrir que ie ne sçay
me plaindre,
Ayant l'ame plus ferme à porter les
mal'heurs
Que la langue eloquente à compter
mes douleurs.
Le crayon tous les iours monstre en
vostre peinture
Que tant plus sont parfaicts les
traicts dont la Nature

C

A voulu pour sa gloire un visage animer,
Tant moins facilement l'art les peut exprimer.
Vne parfaicte Amour en effet est semblable,
Tant plus ardante elle est moins elle est exprimable,
Et le mal que l'absence aux Amans faict gouster
S'il se faict bien sentir, se voit mal raconter.

Il fit tomber ces plaintes, ou de semblables auec des lettres de mesme accent entre les mains de Damaris par l'entremise de la trop fidelle Edite. Si celuy qui baaille excite ceux qui le regardent à faire

faire le mesme, ces doleances d'Eraste firẽt des Echos dans le cœur de Damaris qui multiplierent ses regrets iusques à l'infiny: car quelque Amour qu'elle eust jetté dans l'esprit de l'adolescent, elle en auoit beaucoup plus retenu pour elle. Si elle fit responce n'en doutez pas, elle n'estoit pas nouice à ce mestier, & ne pouuant faire des vers, elle ne manquoit pas de liures pour y faire des emprunts exprimans ses sentimens par ce sonnet de nostre plus excellent Poëte.

DAMARIS.
SONNET.

Puisque l'object, dont la lumiere baille
Iour à mes yeux, en ces lieux plus ne luit,
L'obscur m'est iour, le iour m'est vne nuict,
Tant son absence asprement me trauaille.

Ouurant les yeux ie ne voy rien qui vaille,
Rien ne me plaist, toute chose me nuit,
Et ce penser qui par tout me poursuit
Brise mon cœur plus fort qu'vne tenaille.

Saisie au cœur de cruelles douleurs,
Saoule d'ennuis, de regrets & de pleurs
I'eusse mis fin à mon angoisse forte
  Sans vn espoir que mon œil va tournant

Vers le pays, où il est séjournant,
Dont le seul air sans plus me recon-
forte.

Le temps, dont le cours insensible auançoit autant la perfection d'Eraste, qu'il faisoit descroistre celle de Damaris, effaçoit par vne esponge imperceptible les idées qui nageoyent dans ces deux esprits. Les diuers objects de la Cour emplissoyent l'imagination d'Eraste de tant de diuertissemens, que la douleur de la priuation de Damaris en estoit fort allegée: & celle-cy dont les yeux estoyent en vne queste perpe-

tuelle pour ne mourir dans le filage, ainsi qu'vne vigne qui se traine par terre à faute de souftien, ne perdoit aucunes occasions d'engager dans ses filets ceux qui esbloüis de ses affecteries les prenoyent pour des desirables perfections. Mais en fin elle fit comme ces mauuais archers qui donnent par tout excepté au but, n'y ayant point de lieu plus asseuré pour se garantir de la pointe de leurs traits que de se mettre en la place du blác. Nous auons dit qu'elle frequentoit assez ordinairemét chez
Vol-

Volfang, soit qu'elle eust de la complaisance en la conuersation d'Edite, soit qu'elle luy parlast de la passió qu'elle auoit pour Eraste auec plus de confiance, soit qu'elle s'imaginast deuoir tousiours treuuer quelques nouuelles lettres entre les mains de ceste confidente. Arnobe qui estoit assez souuét chés Volfang auec son ami Macrin, deuisoit souuent auec ces deux filles, & bien qu'il n'eust point d'Amour ny pour l'vne ny pour l'autre, si est-ce qu'il prenoit plaisir en leur conuersatió sur tout en celle

de Damaris qu'il estimoit charmante, tant elle auoit l'esprit accort & deslié. Macrin estoit bien de mesme aduis, & encores que pas vn d'eux ne la voulut pour femme, ils ne l'aissoyent pas de la cajoller & de luy en conter comme s'ils eussent eu de la passion pour elle. Ceste humeur vaine & presomptueuse s'imagina aussi-tost qu'elle leur auoit donné dans les yeux, & comme elle bastisoit des desseins, sur toute sorte de subjects, elle dressoit des pieges & des lacqs si subtils à ces oysillons, qu'elle eust
sans

sans doute couerty l'empressement de ceste premiere complaisance en Amour formée, si Volfang ne s'en fust apperceu, qui ne voulant pas que son fils succedast à la folie d'Eraste, commença à espier ses actions, affin de destourner ce coup & d'estouffer ce feu deuant qu'il eust faict d'vne estincelle vn embrasement, suiuant ceste sage maxime;

Faut aller au deuant des principes du vice,
Et tousiours suffoquer en naissant la malice.

Mais las! il arriue souuent aux grandes contagions que

les Medecins mesmes & ceux qui veulent penser les malades prennent la peste, & que ceux qui portent l'eau pour esteindre les flammes esprises en la maison de leur voisin y demeurent bruslez. Dauid tout chargé d'années se promenant au haut de son Palais veit vne femme dans vne fontaine & tira vn mauuais feu dans son cœur du milieu de ces eaux. Il guettoit de tous costez pour considerer les deportements plustost folastres que malicieux de ceste ieunesse; qu'arriua-il, le mesme qu'a la mesche qui s'ess'esprend des estincelles d'vn fusil, ces caresses & ces folastreries le firent souuenir du temps passé dans les embrassemens de sa femme, ces pensées renouuelées furent des embarrassemés en son esprit, & en fin des embrasemens en son appetit. Il veut assoupir les ardeurs d'autruy, & pour Damaris il deuient tout de flammes,

Et tant s'en faut qu'il d'esplaise à son
  cœur
Qu'vn tel objet s'en soit rendu vain-
  queur,
Que de cela il façonne sa gloire,
Estant le feu, dont il est consommé,
Vn feu de joye en son ame allumé,

Dont il celebre & loüe la victoire.

D'eſlors il commença comme vn vieux cocq à eſcarter ces jeunes poulets, & au lieu qu'il s'eſtoit reſolu de prier Damaris de ne venir plus ſi ſouuent à ſa maiſon de peur que ſon fils ne deuint eſperdu pour elle, & de deffendre à ſon fils la hantiſe de ceſte Damoyſelle comme eſtant vn party qui ne luy pouuoit eſtre ſortable, il la conuia par mille parolles de complimét & de courtoiſie, que lon peut comparer aux couleurs que l'Aurore ſeme ſur le fil de l'Orizon & les appeller l'Orient

rient de l'Amour, de venir souuent en sa maison pour dresser sa fille à la ciuilité & luy donner de l'entregent, commandant à Edite de luy obeyr & de la reuerer cóme sa Mere. Cela donna vne telle entrée à Damaris en ceste maison qu'elle y estoit presque durant tout le iour, ne se retirant en la sienne qui n'estoit pas esloignée que pour la nuict. Et comme elle estoit finement auisée, elle cogneut aussi-tost aux discours que luy tenoit ce bon Vieillard qu'il estoit pris en ses rets. Et comme elle prenoit

noit vn extreme plaisir de se voir aymée par qui que ce feust, principallement en ceste arriere saison de sa beauté, elle l'entretient si agreablement en ceste humeur qu'il alloit tous les iours augmentant & incitant ses desirs par la presence de l'object aymé. Aussi-tost de nouueaux desseins accoururent en l'ame de Damaris, qui en estoit aussi fertile qu'vn marais de roseaux, & jugeant que ce n'estoit plus à elle d'esperer de ieunes tendrons pour Amans & moins pour maris, & que si elle en prenoit

noit vn de c'eſt aage elle ſeroit dans peu de iours l'object de ſon meſpris & de ſa colere, elle creut qu'il eſtoit plus à propos d'aſſeoir ſa fortune ſur les richeſſes qui ſont (s'il y a quelque fermeté dás les biens de la terre) plus durables que les plaiſirs. Ayant donc tiré les vers du nez du vieillard (car quand des gens de ceſt aage entrent en Amour ils deuiennent doublement enfans) & l'ayant amené aux termes de luy decouurir ſa paſſion qui aboutiſſoit au mariage, elle cogneuſt que ce Cygne blanc

vou-

vouloit encores s'attacher au chariot de la Deesse de Cypre, & que l'Amour luy ayāt presté sa principale qualité (qui est d'estre aueugle) luy auoit mis son bandeau sur les yeux pour les luy fermer à toutes les considerations qui le pouuoyent retirer de ceste entreprise. Il estoit assez auant dans le treisiesme lustre, je veux dire passant le soixātiesme de trois ou quatre ans ; il auoit des enfans prests à marier ; il estoit tēps qu'il pēsast à la retraitte, sans s'embarquer en vne nouuelle nauigation qui precipiteroit

roit ses iours au cercueil. Tout cela on ne pense pas en son jugement, ou s'y faict voir comme vn esclair aussitost esuanoüy qu'apparu. Il voit Damaris: Damaris est son Idole: ny les rides de son front tout labouré de sillons, ny son poil chenu, ny la moquerie du monde, ny le trouble de sa maison, ny le tort qu'il fera à ses enfans, rien ne le touche, il veult satisfaire à son desir. Quand son miroir luy reproche ses années, & luy faict voir les liurées du tombeau dans vn poil de cédre, il dit auec ce Poëte.

Que Venus s'ayme bien ez bras
 du vieux Anchise,
Qu'il ne s'estonne point voyant son
 chef grison,
Sçachant bien que tousiours on voit
 vn vieux tison
Cacher beaucoup de feu sous vne cendre grise.
Le bois verd à grand peine en le
 soufflant s'attise,
Le sec sans le souffler brusle en toute
 saison,
La Lune se gaigna d'vne blanche toi-
 son,
Et son vieillard Tithon l'Aurore ne
 mesprise.

Pourquoy m'arreste-je à
peindre les Amours de ce
vieillard qui ne peuuent e-
stre belles,

vu qu'il n'est rien qui soit si ridicule qu'un vieux soldat & un vieux amoureux.

Quelques efforts que fissent Macrin & Edite par l'entremise de leurs parents, pour empescher ce mariage, rien ne peut dissuader à Volfang de l'accomplir: au contraire l'opposition de ses enfans le mit en vne telle colere, estant ailleurs enflammé d'Amour, qu'il fit des aduantages si grands à Damaris en la prenant pour femme, qu'il sembloit en mesme téps se vouloir vanger des vns en monstrant son affection à l'autre.

Da-

Damaris oubliant tant de jeunes muguets qui n'auoyét faict que l'amuser durant toute sa vie, & ne se souuenant plus d'Eraste dont elle n'auoit iamais peu esperer la possession, elle se rendit sous les loix d'Hymen aux desirs du vieillard duquel elle regardoit plustost la peau que la robbe, & la mort que la vie. La passion fut soudaine, la recherche prompte, les accords bien tost faicts, le mariage aussi tost accomply. Alors chacun disoit par vn augure sinistre, que ce vieux fagot auoit treuué vn lien
qui

qui luy feroit acheuer sa vie auec autant de desplaisir qu'il l'auoit coulée auec felicité. Profetie qui ne fut que trop veritable, comme nous fera voir le progres de ceste sanglante tragedie. La mesme foiblesse, qui réd la femme impuissante à supporter vne iniure, la rend forte à en poursuiure vne haute vengeáce. L'offence qui voudra: mais c'est vn animal qui pardonne difficilement, & qui comme l'abeille qui à sa vie dans son aiguillon & laisse son aiguillon dans sa piqueure, ne se soucie pas de mou-

mourir pourueu qu'il se vange. La voila qui entre comme maistresse & en triomphe dans la maison de Volfang, malgré les contraditions de son Fils & de sa Fille. Au commencement elle sçeut si bien dissimuler sa haine, & cacher sous vne mine riante & vne gratieuse apparence la rancune qu'elle auoit conceuë contre eux, qu'il sembloit qu'aux sacrifices de son Hymen selon la façon des Anciens on eust arraché le fiel des victimes, & que la femme de Volfang ne se voulust point ressentir

sentir de l'injure faicte à Damaris fille: mais c'estoyent des charbons couuerts d'vne trompeuse cendre. Tout son soin fut de conquerir si absolument les affections de son bon homme de Mari, qu'affolé de son amour, il ne respiroit que par son halaine; & côme vn clou chasse l'autre, ceste nouuelle affection escarte peu de son ame celle que la nature luy donnoit pour son sang; & comme la Lamproye qui s'accoste de la Vipere deuient venimeuse, ce vieux pere deuint vne Vipere pour ses enfans par
les

les artificieuses suggestions de ceste Marastre. Ses yeux & son visage (comme disoit Iacob de ceux de Laban) se changent pour eux, & la où ils ne voyoiét auparauát que serenité, ce n'est plus qu'orages & que tempestes, ses regards estoient des esclairs, ses parolles des tonnerres, & comme ceux qui ont la jaunisse ont le goust tellement enfiellé que toutes viandes leurs semblent ameres, aussi toutes les actions de ces innocentes creatures luy paroisent malicieuses à la façon de ceux qui croyent courbé vn baston

baston droit qui est à moitié dás l'eau. N'estoit-ce pas assez de la haine ordinaire des marastres sans y adiouster ceste extraordinaire que Damaris conçeut contre ces enfans de son Mari, parce qu'ils auoyét fait ce qu'ils auoyét peu pour destourner leur pere de ses secondes nopces: aussi a t'elle juré qu'elle s'en vengera, & qu'elle mettra en œuures ses plus estranges inuentions pour les perdre. Ces enfans ne peuuent plus tirer de leur Pere vne seule bonne parolle, non pas seulement vne œillade fauorable: son cœur

D

ne leur est pas seulement cruel, mais il semble qu'il soit deuenu la mesme cruauté. Auparauant vne furieuse tourmente il vient de petits vents, comme messagiers des plus impetueux qui sont cóme les presages de la tempeste. Ces mines froides, ces silences, ces desdains, ces rebuts ne sont que des Zephirs à comparaison des tourbillons qu'ils trainét à leur suitte. Que fit Damaris, par ou commença-t'elle à ourdir la trame de sa haine implacable & de son horrible vengeance, se s'entant Reyne ab-

absoluë dans le donjeon du cœur de son vieux Tithon: elle luy descouurit les affectiõs qu'elle auoit euës pour Eraste en vne façon si specieuse, qu'elle faisoit comme le Soleil quand il forme tant de belles couleurs dont il emaille l'arc en ciel dans vne tenebreuse nuée. C'estoit pour preoccuper c'est esprit d'vne bonne opinion & preuenir sa creance, affin qu'il prist pour des calomnies ce qu'Edite luy pourroit dire en verité de leurs secrettes intelligences. Mais voicy comme elle detrempoit dás le sucre le fiel de son venin. Elle luy representa les simples entretiens de Macrin auparauant son mariage, cōme des recherches si ardentes & des passions si remplies de violence, que cela allumoit de colere ce vieux tison encore tout fumant des embrasemens de ceste ruzée. Que fut-ce quand elle adiousta pour perdre tout a faict ce jouuéceau? que mesme despuis son mariage, il luy auoit faict les doux yeux, & luy auoit tesmoigné par des regards languissans & des contenances affettées ce qu'il qu'il auoit encores dans l'ame, & que son effronterie en estoit arriuée iusques là, de luy declarer par ses discours que ses premieres flammes n'estoyét pas du tout esteintes : feinte aussi fausse que son côtraire estoit vray. Helas ; il n'estoit que trop euident, que les yeux battus de ce jeune homme, ordinairement chargez de pleurs, n'auoyent plus qu'vne veüe languide & mourante ; il estoit bien vray que sa bouche auoit perdu tout autre vsage que celuy de souspirer & de se plaindre; mais c'estoit plustoit pour la perte de l'amitié de son Pere que pour l'aquisition de l'Amour incestueuse de sa Marastre, qu'il ne regardoit que comme le tison fatal qui deuoit mettre toute sa fortune en cendre. Cela mit tant de marteaux dans la teste de Volfang, & porta dans son cœur vne telle rage de jalousie, que côme toutes choses paroissent rouges à qui les regarde au trauers d'vn verre de ceste couleur, tous les gestes de ce fils luy sembloyét autant d'attentats sur l'honnesteté de sa bonne espouse.

Dieu

Dieu! que d'horribles pensées luy suggera ceste passion frenetique qui faict poison des roses, qui est tousiours en soupçon & en transe, qui cherche ce qu'elle ne voudroit pas treuuer, qui croit ce qu'elle craint le plus, & qui se persuade aisemét tout le mal qui peut entrer dans l'imagination. Certes i'ay horreur de les reciter, puis qu'elles r'enuersent les plus tendres sentimens de la nature. Le chasser de sa maison c'estoit vne grace, le bannir de la Ville vne courtoisie, l'exterminer de l'Allemaigne vne faueur: estimant qu'il luy en d'eust de retour s'il le l'aissoit au monde. Le traittant plus rigoureusement que les criminels il le códamne sans l'oüyr, sans luy confronter aucuns tesmoins, sur la simple deposition de sa partie. Ou sera desormais l'innocéce s'il suffit d'accuser? Tout le refuge de ce desolé jouuenceau estoit de respandre ses plaintes dans le sein de son cher amy Arnobe, il fuyoit les yeux de son Pere qui luy sembloyent des Cometes menaçans, & Volfang faisoit son crime de ceste fuitte, re, comme si elle l'eust conuaincu de ce dont il estoit faussement accusé par Damaris: laquelle tandis qu'elle exerce au dehors la patiéce de Macrin, espreuue au dedans celle de la pauure Edite. Elle ne se souuient plus des deuoirs que ceste pauure fille luy auoit rendus, lors que pour fauoriser ses passions elle auoit conniué aux secrettes prattiques qu'elle auoit euës auec Eraste. Il ne faut qu'vn bein d'Absinthe pour rendre amere vne cruche pleine de miel, il ne faut qu'vn desplaisir & (comme l'on dit) qu'vn verre cassé pour ruiner plusieurs seruices notables, tant l'esprit humain est plus sensible aux outrages que recognoissant des bien-faicts. Qui pourroit exprimer les fascheuses parolles & les pires effects que faisoit ressentir à ceste paurette l'impacable Maraſtre? Tout ce que les Poëtes r'acontent des mauuais traittemens, dont la Deesse de Cypre tourmentoit la belle Psiche, ne sont que des fleurs & des roses au prix des rudesses que Damaris pratiquoit enuers Edite. Vous eusſiez fiez dit qu'elle auoit pris à tasche de la reduire au desespoir. Voila les fleurs du Printemps de ces secõdes nopces de Volfang. Les Parens d'Eraste, qui n'auoyent escarté leur fils de leur ville que de peur des surprises de Damaris, la voyans attachée au vieillard ou plustost le vieillard à elle, creurét qu'ils n'auoyent plus rien a craindre, & aussi-tost le r'appellerét à Ausbourg. Le temps & les diuertissemens de la Cour auoyent tellement moderé ses ardeurs, qu'il fut fort loin de se desesperer quand il eut les premieres nouuelles du mariage de Damaris: & certes il eust esté bien despourueu de jugement de regretter la perte d'vne personne dont la passion luy eust esté dommageable, il fut neantmoins bien aise que ce desnoüemét fust arriué par la legereté de celle qui luy auoit faict tant de sermens de ne se laisser iamais aller à l'inconstáce plustost que par le manquement de sa parolle, parce qu'encores qu'il cogneust bien le bó office que ses parens luy auoyent rendu en le destournant de ceste recherche qui auoit

auoit tát d'inegalité, il estoit si religieux obseruateur de sa foy, qu'a trauers tous les obstacles il leur voulust maintenir entiere. Ainsi sans effort il veit tomber tous ses fers, & s'il versa des pleurs ils ne tomberent que sur du papier en des vers plains de reproche & de mespris qui reuenoyent a peu pres au sens de ces

STANCES.

DESDAIN D'VN CHANGEMENT.

Lors que ie recogneu qu'elle m'auoit quitté

Contre tant de respects qui nous souloyent estraindre,
Et par vn changement, dont l'infidelité
M'en a faict veoir l'effect auant que de le craindre,
Mes yeux au souuenir de ce traict inhumain
Verserent tant de pleurs en regrettant ma flamme,
Que ces torrens en fin tombans dessus mon sein
Esteignirent aussi tous les feux de mon ame.
Ainsi du mesme instant qu'elle eust manqué de foy
Mon cœur pour l'obliger l'osta de ma pensée,
Voulant qu'elle receust ce seruice de moy
Pour le dernier effet de nostre Amour passée.

Maintenant s'en est faict, ces yeux qui si long temps
Furent ma claire Aurore & ma gloire premiere,
Destournans autre part leurs rayons inconstans.
Ont retiré leur flamme auecque leur lumiere.
Vous qui donniez jadis l'Ame à mes volontez,
Qui me souliez si belle & si chere apparoistre,
En perdant vostre Amour vous perdez vos beautez,
Et n'estes plus pour moy ce que vous souliez estre.
Non non, ce n'est plus vous, qui daigniez m'obliger
Des sermens solemnels de vostre Amour extreme,
Ou si c'est vous encor ie ne le puis iuger,

Et

*Et ne voy rien en vous qui resemble
à vous-mesme.
Où sont ces doux attraits qui m'al-
loyent retenant,
Dans les cruels tourmens d'vne aspre
jalousie.
Ha! ie ne les voy plus, & connoy maintenant
Que les yeux d'vn Amant sont en
la fantasie.
Mais soit, n'en parlons plus: car
par son changement
Le penser seulement m'est vn cruel
supplice,
Et sa desloyauté faict en mon iugement
Ce qu'aux yeux de Roger fit l'anneau
de Melice.*

De quoy vous vantez vous
Eraste, pourquoy chantez
vous

vous le triomphe deuant la victoire, vous sentez encores l'estreinte de ces nœuds, vous eites encor tout moitte de vostre naufrage, vous trainez vos liens, à peyne estez vous hors de prison & vous criez liberté liberté, n'auez vous point de peur que vostre geolliere vous entende, & courant apres vous ne vous remette en seruitude qui réde vostre seconde erreur pire que la premiere. Il faict mauuais brauer vn ennemy si puissant que l'Amour, auquel on ne peut mieux resister que par la fuite. Vous
auez

auez beau chanter & rechanter ce motet,

Puis que i'ay peu de ses lacqs m'affranchir,
Sous son pouuoir ie ne dcy plus flechir,
Ayant esteint le feu qui me consomme:
Elle a destruit vn Amour trop parfaict,
Et a monstré qu'elle est femme en effect,
Il faut aussi monstrer que ie suis homme.

Ses mespris & ses brauades vindrent iusques aux oreilles de Damaris, laquelle (vaine qu'elle estoit) despitée de de se voir traictée de la sorte par vn homme qui l'auoit autre fois si respectueusement honnorée, plus par vanité qu'autrement se resolut de l'attirer encores dans ses fers & de là peut estre dans les Enfers, selon ce que dict l'Apostre, que les fornicateurs & les adulteres ne possederont point le Royaume des Cieux. Ceux qui comme les femmes sçauent le mestier de desuuider ne cherchent qu'vn bout du filé pour desmesler toute la fusée. Damaris, qui auoit des ruzes inconceuables à tout autre

autre esprit qu'au sien, ne demandoit que de r'accoster ce jeune esprit, dont elle cognoissoit la foiblesse, pour le rendre aussi soupple à ses volontez qu'il auoit iamais esté. Les moyens luy en furent faciles: car, comme l'on ne fuit pas deuant vn ennemi qu'on ne redoute point, Eraste qui croyoit estre assez vangé par le seul change que Damaris auoit fait en choisissant le pire, n'euitoit point sa r'encontre & ne se destournoit point des compagnies où ceste femelle se treuuoit à dessein de luy parler. Eraste qui

qui estoit d'vne conuersation gentille & pleine d'attraits, principallemét parmy les Dames, croyant que ces yeux de Basilic n'auroyent plus la force de tuer sa Raison ; & que son changement seruiroit de dictame contre les traicts qui en pourroyent sortir, tournoit au commencement en risée tous ses propos, luy faisant la guerre sur la vieillesse de son Mari, l'assaillant par où il estimoit que sa mocquerie se rendroit plus sensible, l'excusant encores de ce qu'elle s'estoit rendue à ce venerable vieillard,

lard, puis que luy mesme s'estoit autre-fois porté vers la lumiere d'vn flambeau qui estoit voisin de sa cendre; inconsideré, qui n'auisoit pas que quand il est proche de s'esteindre c'est lors qu'il pousse de plus grandes flammes, vn iour comme pour luy donner vn honteux congé il glissa ces vers entre ses mains qui contenoyent vn

BLASME DE L'INCONSTANCE.

STANCES.

EN fin elle a rompu le nœud qui tenoit joinct

Vn Amour qui sembloit du tout inseparable,
Et monstré par effect qu'vne femme n'a point
De juste passion qui puisse estre durable.
   Aussi m'ayant juré de n'aimer rien que moy,
Et de garder tousiours sa constance inuincible,
Le mal n'est pas si grand qu'elle ait manqué de foy,
Comme d'auoir promis vne chose impossible.
   Mais, d'où vient que ce sexe oubliant tout deuoir,
Change comme le vent qui n'a point de tenue,
Ne le recherchons point, il ne se peut sçauoir,
Car la cause des vents est encor inconnue.

Vous,

Vous, que ceste infidelle appelle desormais
A languir sous le joug d'vn si facheux seruage,
Apprenez maintenant les plaintes que ie fais,
Si le mal'heur d'autruy ne vous peut rendre sages
Car n'esperez iamais que vostre affection
Puisse long temps tenir ses volontez subiettes,
Et vous serez vn iour en ma condition
Comme ie fus iadis en l'estat ou vous estes.
Ame bien desplorable & digne de pitié
Que retient ceste ingratte en ses rets enfermée,
N'esperez autre fruict d'vne telle amitié

DAMARIS.

Que l'extreme regret de l'auoir tant aymée.
C'est l'ennuy qui me point pensant au trait vainqueur
Dont elle acquit sur moy tant d'empire & de gloire,
Et ceste passion n'estant plus en mon cœur
M'afflige & me tourmente encor en la memoire.
Desormais a l'endroit des autres que de toy,
Infidelle beauté, tu me rendras plus sage
En te payant ces vers: c'est ce que ie te doy
Pour le droit de l'escole & mon apprentissage.

Vn esprit malicieux a autāt de subtilitez que le Leo-

pard de marquetures, & autant d'inuentions que l'ingenieux Archimede : ceste-cy ne vouloit qu'vn point hors de la terre pour y asseoir le pied de ses machines & pour enleuer de son centre cette grande masse qui a sa base dans le milieu de l'vniuers. Les dernieres Stances feirét cognoistre à Damaris qu'il y auoit quelques estincelles secrettes dans la cédre chaude de cette affection, & que ce mespris n'est point sans regret ; ce regret n'estoit pas sans regarder en arriere vers
l'an-

l'ancien esclauage que l'on quittoit auec quelque sorte de desplaisir. Elle ne fut que trop veritable en ses mauuaises coniectures, tant les enfans de tenebres sont prudents en leurs projets, Il se fit vne grâde assêblée pour des nopces celebres, où les principaux Seigneurs & les plus remarquables Dames de la ville feurent inuitez. Eraste y suiuit ses parens & Damaris son vieux Tithon. Elle s'estoit attachée auec vn long art beaucoup de pierreries, & d'ornements dont ce vieillard la tenoit parée comme vne Princesse ou comme vn autel, ainsi qu'vne autre Iezabel elle n'oublia ny le fard ny les senteurs, sa vanité naturelle ne luy permettát pas de rien laisser en arriere pour paroistre en ce iour de feste, sinō des plus belles au moins des mieux vestues. Elle auoit sçeu qu'Eraste s'y deuoit treuuer entre les inuités, & le dessein qu'elle auoit de captiuer encor vne fois ce desdaigneux la feit auec plus de soin cōsulter son miroir pour y voir ses deffauts, & en reparer les bresches auec tout

Pal'auantage qu'elle pourroit inuenter. Sans doute elle auoit vn port & vne grace qui jettoit dans les yeux ie ne sçay quoy d'esblouyssant, & puis faisant project de reconquerir ce prisonnier eschappé, Dieu sçait si elle se mit en sa meilleure demarche. Telle n'est point l'orgueilleuse Citharée, quand elle va fiere & pompeuse a la coqueste de quelque Amant nouueau: & l'Aurore a moins de couleurs qu'elle auoit autour de soy de differentes graces. Eraste de son costé s'estoit couuert a l'auantage desirant paroistre entre ses compagnons & de se rendre agreable parmy les Dames. La liberté de côpagnies est grande en Allemagne ; & la raison en est prompte, où le vin est en regne & la bonne chere, imaginez vous qu'elles licences ne doiuent suiure. Le vin, qui est le laict des vieillards, ayant apres le repas reduit le vieux Volfang en vn coin de la sale pour y cuuer dans le sommeil ce qu'il en auoit pris d'extraordinaire, imaginez-vous si la malicieuse Damaris treuua le moyen d'accointer Erald pour

pour luy dire a cœur ouuert ce qui luy pesoit despuis tant de iours. Sans m'arrester icy a leur entretien ie me contenteray d'en tirer ce qui est d'essentiellement necessaire pour l'intelligence de ceste histoire, veu que c'est-icy le fondement de tous les malheurs qui sourdirét despuis de ce malheureux pourparlé. Ceste pipeuse sçeut faire sonner tant d'appeaux aux oreilles de cest oyseau niais, elle le cajolla si d'extrement, & luy allegua tant de causes qui l'auoyent faict resoudre au mariage de Volfang, jointes au peu d'esperance qu'elle auoit de le posseder jamais veu l'opposition de ses parés, qu'ayant mis la raison de son costé & tout le soleil dans les yeux d'Eraste, elle mit aux termes de luy demander pardon celuy qui auparauant la brauoit auec tant d'insolēce. Encor ne fut-ce rien que cecy, elle luy feit veoir que l'amitié qui peut finir ne fut iamais veritable, & que s'il l'auoit autrefois veritablement aimée comme par tant de sermens il luy en auoit voulu imprimer la creance, il ne deuoit pas payer de moqueries

ries & de mespris (coupe-gorges de l'amitié) les affections sinceres & loyalles qu'elle conseruoit pour luy dans le fond de son ame: que ce qu'elle auoit faict par necessité ne deuoit pas luy estre imputé a inconstance: que l'amitié regardant le bien de la chose aimée, & son bien estant en ce mariage il se deuoit plustost resjouyr de la veoir pourueüe que de la veoir languir apres l'attente d'vn Hymé esloigné de toute apparence. Apres auoir long temps flatté les oreilles de c'est adolescent du beau

E 5

nom d'amitié pour cacher celuy d'Amour, qui est si d'escrié, qu'en quelque façon qu'on l'assaisonne il est tousjours suspect à ces ames dont la conscience est si douïllette qu'elle prend coup a la moindre parole ambiguë. Elle sçeut par la memoire de leurs anciennes priuautez r'allumer tant de feux dans cette poictrine qui se trouua de Naphthe à la presence de c'est object, que cóme vn flambeau qui fumoit encores, il reprit bien tost la lumiere.

Quand

*Quand il reueit ce qu'il auoit ai-
　mé,
Tout aussi tost son flambeau r'allu-
　mé
Feit son Amour en son Ame renai-
　stre:
Et son courage ayant esté captif
Deuint semblable a vn serf fugitif,
A qui le sort faict r'encontrer son
　maistre.*

Cette aueugle passion s'e-
stant renouuellée en son ame
rendoit sa recheute pire que
son premier mal, & sa fieure
de lente auparauant deuint
ardente, & ne luy donna pas
le moyen de considerer que
Damaris ayant changé de
condition il ne la pouuoit

plus legitimement defirer ny mefme regarder feló la maxime de l'Euangile, qui condamne comme adultere celuy qui a jetté les yeux fur la féme de fon prochain pour la conuoiter. Au contraire fut ce qui irrita le defir de ce mal'heureux, car eftimant que celle feroit bonne pour Amie qu'il n'euft pas voulue pour femme, & ayant jugé aux propos de cette paffionnée qui luy demádoit fi froidement la conferuation de fa commune bien-veillance fi elle auoit perdu só Amour, qu'elle auoit encor aux pieds

&

& aux bras les marques de ses premiers fers, & recognoissant à ses discours les traces de son ancienne flamme il creut, & ne se trompe point, qu'il luy seroit aussi aisé de se remettre en ses bônes graces & d'en acquerir les extremes mais iniustes faueurs, qu'il luy auoit esté facile de r'animer en son ame le feu de son ancien brandô. Et certes il arriua comme il le pensoit, car celle qui auoit voulu luy redonner de l'Amour en prit ou plustost s'en esprit si fortement elle mesme, qu'elle n'eut plus l'ame
oc-

occupée d'autre image que de celle d'Eraste qui n'ageoit sans cesse dans la fantasie.

Elle auoit bien jugé que par son entreprise
Elle verroit encor ce cœur emprisonné.
Helas! plus que iamais elle l'a r'enchaisné,
Mais aussi en prenant elle se treuue prise.

Voila cõme les ingenieurs perissent d'ordinaire dans leurs propres artifices. Deslors l'âge & les autres defauts de Volfang qui ne paroissoyent que des mouches à
ses

ses yeux y deuindrent des Elefans, & les graces d'Eraste luy semblerent claires comme les rayons du Soleil & reuindrent à son imagination en la plus belle forme qui puisse entrer en la pensée. Que tarde-je à dire qu'il se communiquerent leurs reciproques sentimens sur lesquels ils renoüerent leurs affections, & bastirent des projects adulteres qui les porterent par vn juste jugement de Dieu au precipice de leur ruine. I'ay horreur d'entrer au subject qui me va tomber sous la plume, estant si plein de de meschancetez & d'ordures, que si les tragiques euenemens ne mettoyent la peine aupres de la coulpe, comme l'antidote aupres du venin, il seroit mieux teu que sçeu. Mais puisque nous voyons que la justice humaine fait executer publiquement les criminels & proclamer tout hault la condamnation de leur crime auant qu'ō leur en fasse souffrir le supplice, pourquoy ne mettrons-nous pas en euidence ce qui est euitable aussi bien que ce qui est imitable, veu que la laideur du mal est plus efficace à nous en retirer que la beauté de la vertu pour nous attirer à sa suitte. Toute la pensée de Damaris est à tramer les moyens de voir Eraste, & de luy donner sous quelque specieux pretexte entrée en la maison de son Mari. Comme si elle eust esté satisfaicte de sa vengeance par le mauuais traittement qu'elle auoit faict à Edite, elle commença à luy tesmoigner vn peu plus de douceur voulant reconquerir son esprit, & se seruir de sa simplicité pour esclore ses intentions malicieuses. Celle fille qui estoit extremement

mement douce & docile, & semblable à la Colombe, sans fiel, qui oublie aussi-tost le mal qu'õ luy à faict, fust aussi tost rauie se voyant caressée par celle dont elle n'auoit experimẽté que des rigueurs despuis qu'elle estoit deuenue maistresse du logis de sõ pere. Voyez l'artifice de cette subtile Marastre, elle sçait que rien ne flatte tant l'oreille & le cœur d'vne fille nubile que de luy parler de Mariage & luy proposer vn aggreable seruiteur. Eraste estoit vn beau Gentil-homme, & vn des meilleurs partis

tis qui feuft à Ausbourg. Ma fille, luy dit-elle, si vn juste despit m'a faict r'essentir du tort que vous m'auez voulu faire en m'empeschant d'espouser voftre Pere, je vous veux tesmoigner que j'ay le courage si bon que ie sçay auffi bien oublier les outrages que de les chaftier, & affin que vous connoissiez que ie suis plus voftre Mere que ne pensez, i'ay pensé de vous donner pour feruiteur vn de ceux qui m'ont autre-fois recherché & des paffions duquel vous n'eftes pas ignorante. C'eft Erafte, il m'eft venu

venu cajoller de nouueau à son retour de Prague,& bien qu'il sçache que ie n'ay plus d'oreilles pour ses discours il à esté si osé de m'entretenir de son ancienne passion : ie luy ay dit ce qu'il faloit qu'vne honneste femme repartist en vne semblable occurrence, il m'a faict pitié, & la cōpassion de sa jeunesse (dont la qualité inseparable est d'auoir de l'Amour) m'a fait péser de luy donner en vous vn object legitime puis qu'il ne doit plus penser en moy où il ne peut rien pretédre. Vous n'ignorez pas les merites de cest

c'est Adolescent, la splédeur de sa famille, l'abondance de ses richesses, & comme rié ne luy manque de ce qui peut rendre vn homme accompli & desirable. Qu'eust fait Edite sinõ pleurer de joye, & admirer la bonté de celle qui plaine de malice ne songeoit pas tant à elle qua soy-mesme. Et le desir naturel d'estre mariée, & celuy de sortir de la tyrannie de son Pere & de la subjection de ceste Marastre dont elle craignoit la bigearrerie, l'eussent faict consentir au premier party qui se feust presenté : cettuy-cy
estant

estant si aduantageux faict en elle ce que les rayons du Soleil en ceux qui sortét d'vn cachot, & qui en sont plustost esblouïs qu'esclairez. La beauté de ce visage qu'elle auoit autrefois côsideré auec trop peu de jugemét, la gloire de sa naissance, ses facultez, sa bonne mine, & tant de gentillesse & de courtoisie dont elle sçauoit qu'il estoit remply, viennét en foule occuper si pleinement son esprit qu'il ny auoit plus de place en elle pour elle-mesme. Elle rédit mille graces à Damaris du soin qu'elle auoit
de

de son bien, protestant que si c'est affaire arriuoit à bon port elle luy en auroit des obligations immortelles. La Marastre, qui ne pensoit à rié moins qu'a cette fin tres-souhaittée de ceste fille, luy remonstre les grandes difficultez qui se presenteroyent à ce dessain, affin de preparer son esprit à vne longue patience. A quoy l'ayant disposée, elle fit sçauoir à Eraste toute cette trame qu'elle auoit ourdie pour luy faciliter l'acces en la maison de Volfang, luy persuadant de feindre de la passion pour Edi-

Edite, se promettant que le vieillard tiendroit à beaucoup d'hôneur ceste recherche, & que sous l'ombre de ce manteau ils voileroyent des actions que la modestie m'empesche de nõmer. Cete industrie fut admirée d'Eraste, qui y donna aussi-tost les mains loüant l'inuentrice en ce project de son cœur, & la glorifiant de cest honteux stratageme. Si Damaris auoit sçeu inuenter cette ruze, Eraste la sçeut cõduire auec vne non moindre d'exterité & feindre si accortemét de l'Amour pour Edite, que les yeux

yeux des plus clairs voyans y eussent esté trompez. Damaris, qui faisoit croire à ce resueur de Mari tout ce qui luy plaisoit, luy ayant dit pour faire l'honneste femme comme elle auoit d'estourné la passion que ce jeune homme auoit euë pour elle sur sa fille à laquelle elle vouloit faire auoir ce bon party, acquit vne nouuelle obligatiō sur l'esprit de ce bon homme par là mesme par où elle le deuoit plus cruellement d'esobliger. Il la remercia affectueusement du soin qu'elle aucit de sa famille se monstrāt pluſtoſt Mere que Maraſtre, & releuāt juſques aux cieux ſon bon naturel qui rendoit du bien à ceux qui luy auoyent rendu de mauuais offices. Voila Eraſte dās la maiſon de Volfang ſeruiteur de la fille en apparence, & maiſtre de la femme en effect: (ſi ce n'eſt point exprimer par vn terme trop reſerué & trop honneſte vn deteſtable adultere.) Cependāt Macrin viuoit en la maiſon d'Arnobe ſon Amy, comme banny de celle de ſon Pere: Et ſi l'Amour qu'il auoit pour Chriſtine n'euſt diuerti ti sa fantasie de la pensée de sa misere, la tristesse l'eust accablé. Ainsi va le monde; Tandis que Volfang chasse les siens d'aupres de soy, il y admet vn estranger qui luy r'auit l'honneur & se rit de son imprudence. Le feu ne peut agir long temps en lieu sans y laisser des marques de sa brusleure & de sa noirçeur, & sans y mettre de la puanteur s'il s'esprend en des matieres sales & pourries. Edite estoit simple: mais non pas iusques à ce point qu'elle ne s'apperçeust à quelques estincelles des flammes qui deuoroyét les poitrines criminelles d'Eraste & de Damaris. Si l'Amour d'esniaise les esprits, la jalousie les affine. Elle aimoit veritablement ce jeune homme, qui ne payoit que de feintes cajolleries ses affections sinceres. Elle connut aussi-tost qu'il ne l'honnoroit que de leures : mais que son cœur estoit fort esloigné d'elle. A ses yeux, à ses regards, à sa contenance, & à mille autres signes elle conjectura qu'elle ne seruoit que de pretexte aux visites de ce galland : mais que sa Belle-Mere en estoit le subjet. Cette cōjecture la rédit soigneuse d'espier leurs actions, de les guetter subtilement quād ils estoyent seuls, & de les cōsiderer si attentiuemēt qu'elle peust estre bien asseurée de la verité qu'elle craignoit de r'encontrer. Les artifices sont comme le fard, ils ne peuuent estre de durée:& biē que ceux de ces infames feussent extremes tant en leurs actions qu'en leurs paroles & en leurs escrits, si est ce qu'a vn œil subtilizé par l'Amour ils estoyent penetrables. Voyez en vn eschantillon, & de cest ongle jugez de l'animal, affin que vous detestiez ses ruses. L'intelligéce de ces traistres estoit, que Damaris prendroit comme addressez à elle tous les discours qu'en sa presence il tiendroit à Edite, comme aussi toutes les lettres : cela estoit pour n'estre jamais d'escouuerts, si leurs actions n'eussent trahy leurs parolles & leurs escrits. Mais le juste Ciel ayát permis que cette verité, que Democrite cachoit dans vn puits, pareust par vn pertuis aux yeux d'Edite, c'estoit à elle de châter auec ce Poëte ces

DAMARIS.

STANCES.

Fille du Ciel & de l'année,
Verité long temps condamnée
A demeurer au fonds d'vn puits,
En fin ta fortune se change,
Et par vne merueille estrange
L'on te r'encontre en vn pertuis.

 Fidelle pertuis d'vne porte,
Ce qu'vne apparence bien forte,
Ce que la Raison ne pouuoit,
Ny de tant de femmes l'histoire,
A la fin tu me l'as faict croire,
S'il faut croire ce que l'on voit.

 I'ay veu par ton heureux office
Damaris, de qui l'artifice
M'auoit le iugement bleçé,
Trahir par vne horrible offence
Le froid de cette contenance
Qui r'essemble vn hyuer glacé.

 Ouy le serment mesme d'vn Ange

Asseurant vn faict si estrange
Vers moy n'eust point eu de credit,
Et sur vne erreur si profonde
I'eusse dementy tout le monde
Si le pertuis ne me l'eust dit.

Le pertuis est trop veritable,
Vostre crime est trop detestable:
Du traict, dont mon cœur fut dompté,
Quelque bleçeure que i'en aye
Mes yeux en receurent la playe,
Mes yeux m'en rendent la santé.

Abimelech aux caresses d'Isac & de Rebecca qu'il apperceut par vne fenestre jugea qu'ils deuroyent estre Mari & femme. Edire au sujet de faire vn jugement bien plus sinistre de ce qu'elle apperceut, deslors elle se veit

veit trahie par Erafte & son Pere par sa Marastre : mais parce qu'elle sçauoit que cette femme possedoit si fort l'esprit de Volfang, qu'encor qu'elle luy rapportast vne verité elle seroit aussi peu creüe que les predictions de Cassandre, elle jugea qu'il estoit à propos qu'elle en aduertist son frere, affin qu'il y apportast le remede qu'il jugeroit estre conuenable. Macrin pensant auoir r'encontré le vray & vnique moyen de faire sortir ceste peste de sa maison, & d'auoir sa raison de tant de maux que cette

Maraſtre luy faiſoit ſouffrir, en aduertit incontinent ſon Pere, lequel obſedé par ce Demon domeſtique au lieu de faire profit de ceſt aduertiſſement en redoubla la haine qu'il auoit conceuë contre ſon fils, eſtimant qu'il ne luy euſt auácé cela que pour recriminer contre Damaris & la couurir de la meſme faute dont elle l'auoit accuſé vers luy. Pour faire le bon Mari, & teſmoigner à ſa chere partie combien il eſtoit eſloigné de cette creance, il aduertit ſa bonne femme de l'inſolence de ſon fils (ainſi appel-

appelloit il l'aduis qu'il luy auoit donné) la faisant arbitre & iuge en son propre fait du chastiment qu'il en deuoit faire.

On dit que les meschans, qui d'vne aueugle rage
Pressent ceux qui iamais ne leur ont faict d'outrage,
Suiuans vn naturel maling qui les espoint,
Persecutans plus fort & ne pardonnans point,
Ne d'esmordent iamais de leur fausse vengeance
Quand leur fiel à treuué pour object vne offence.

Qu'elle fut la colere de

Damaris à ce recit iugez le par la peinture que ie vous ay faicte de son humeur: accoururent soudain en son esprit les fureurs & les vengeances.

Si le courroux boult en son cœur,
Si le despit d'vne vieille rancœur
Son estomac encores espoinçonne,
C'est maintenant que le Destin luy donne
De se vanger le temps & la saison
Faisant vuider Macrin de la maison,
Tout aussi-tost mettant la main à l'œuure
De son pouuoir la force elle d'escouure.

Elle ne se contente pas de sçauoir

sçauoir que cefte accufation vinft de Macrin, elle vouluft crocheter, iufques aux fondemens de ce fecret. Le jeune homme banny de la maifon ne pouuoit parler d'Erafte & d'elle que par coniecture; il ne pouuoit auoir veu leurs priuautez ; la frequentation d'Erafte chez Volfang eftoit mafquée du plus fpecieux pretexte dont lon puiffe voiler vne mefchanceté ; il fe portoit ouuertement pour feruiteur d'Edite, le Pere de la fille auoit auancé cette recherche, bié qu'elle ne le feuft pas des parens du

du jeune homme qui le deſtenoyent à vn autre party. Elle ſe doutoit qu'Edite n'eut veu & à la façon, des filles qu'elle n'euſt cauſé. Sa doute ne ſe trouua que trop vraye: Macrin, accuſé par ſon Pere d'eſtre vn impoſteur luy promit à l'ayde de ſa ſœur de luy faire veoir qu'il eſtoit trahi par Damaris, & ſon honneur donné en proye aux fureurs du jeune Eraſte. Ceſt oyſeau ſe deſcouurit à ſon cry, & la pauure fut renduë coulpable pour auoir eſté trop fidelle. L'irritée Maraſtre ne penſe plus qu'a exterminer l'vn de
la

la ville & l'autre de la maison, mais aussi quand cette fille sera sortie ou prendra t'elle vn subject qui puisse pallier les allées & les venuës d'Eraste. C'est toutvn le plaisir de la vengeance en vne femme malicieuse surpassant tout autre plaisir, elle croit que les inuentions ne luy manqueront pas pour r'auoir & pour reuoir son Adonis apres qu'elle aura faict vuider la Fille aussi bien que le Fils de la maison paternelle. Demander à Volfang qu'il fasse sortir d'Ausbourg Macrin, & de chez soy Edite, & l'ob-

l'obtenir fut tout vn : elle
fçeut fi bien & fi artiftement
pallier fes entretiens & fa cõ-
uerfation auec Erafte, & re-
prefenter les vertus de ce ieune Gentil-homme à Volfäg,
qu'il print l'accufation pour
vne pure calomnie: pour laquelle vanger il commanda
à fon fils de quitter fa patrie,
& d'aller par le monde & à
la guerre bufquer fa fortune,
& ne fe prefenter iamais deuant fes yeux. Quant à Edite,
apres l'auoir outrageufemẽt
traittée, il la bánit de fa maifon : & de peur que le defef-
poir de ce voir abandonnée
de

de son Pere ne la portast à quelque chose de contraire à l'honnesteté, il la remit à la charge d'vne de ses parentes auec vne expresse commission de la traitter si mal que la mort luy feust en desir & vie en supplice. La fille obeyt au dur arrest, auquel elle ne pouuoit resister: mais Macrin ne voulut pas sortir de la ville, surquoy Volfang menaçant de le faire tantost estropier, tantost estrangler, il estoit sur le point d'intenter contre luy d'eux actions, d'ont la moindre estoit cappable de le perdre sans remede.

mede. L'vne estoit de calomnie, l'autre d'inceste sur le premier rapport que sa femme luy auoit faict. Quelque tort que les Peres ayent en effect, ils ont tousiours raison en apparence contre leurs plaintes des causes jugées. Les amis & parens de Macrin luy conseillerent tous d'vne commune voix, de donner passage au torrent du courroux de son Pere, & d'euiter par vne retraitte honnorable cette persecution qui ne pourroit estre qu'honteuse pour leur famille. Ce jeune homme reduit au desespoir,

voyant

voyant que cette impudique Maraſtre faiſoit perdre l'honneur & les biens à ſa maiſon, ſe mit en teſte qu'il s'en deuoit d'effaire, & que pour appaiſer la tempeſte il la falloit ſacrifier à ſa vengeance. Il communiqua cette penſée à Arnobe en luy diſant,

Amy, ton amitié qui n'a pour fondement
Que de ſuiure enuers moy ſa bonté ſeullement,
Qui ne ſçauroit treuuer par où ie ſuis capable
De la moindre faueur, ny d'où ie ſuis aymable,

Ne peut treuuer aussi par où se destourner,
Ne peut treuuer ainsi de quoy m'abandonner,
Si que sur c'est espoir où mon Amour se fonde
I'ay en toy vn amy le plus ferme du monde.

En ceste qualité ie te prie de m'assister en mes desastres comme ie te voudrois faire part de mes prosperitez & te tenir compagnie aux infortunes. Ce n'est point de tes biens que ie te demande, car la vie ne peut manquer à qui la valeur faict en la vengeance de mon honneur que ie de-

demande ton secours. Tu ne peux douter de l'opprobre qu'Eraste me jette sur le visage entretenant ma Marastre: mon Pere est seul qui ne le voit pas, & qui n'en croit rien tandis que ie me dispose à faire vn memorable chastiment de la trahison de ce muguet; ie te prie de me vãger de celle qui me cause tãt de mal'heurs, tu te peux treuuer en compagnie & luy faire sur le subiect de la persecutiõ qu'elle me suscite dresser vne querelle de nostre pays, & si elle t'outrage (comme elle est fort insolente en parol-

parolles) luy enfoncer vn ſtilet dans le ſein, ou faiſant ſēblant de luy donner vn ſoufflet luy frotter le nez auec vne poiſon ſi ſubtile que par l'odeur elle puiſſe eſtre deſpeſchée. Encores que cette commiſſiō de tuer vne femme fuſt extremement honteuſe, neantmoins le deſir d'obliger vn Amy fit paſſer Arnobe ſur toutes ces conſiderations: & au lieu de la faire mourir il s'auiſa de luy faire vn affront, qui à vne femme vaine ſemble pire que la vie, en luy faiſant apres l'auoir querelée vne balaffre au trauers

trauers du visage auec vn rasoir bien affilé ; ce que les Espagnols, ouuriers de pareils outrages, appellent coustelades. Macrin ayant faict appeller Eraste par vn bon Allemand, qui estoit peut-estre apres disné : cet appel fut incontinent diuulgué, & l'appellé qui estoit plus Paris qu'Hector, & plus homme de chair que de sang, est retenu par ses parens de comparoistre à ceste sanglante assignation. Apres laquelle n'allant plus que de iour & bien accompagné par la ville, ce fut à Macrin de chercher son salut

salut en sa retraitte se voyāt pourſuiuy par sō Pere, & par les parēs d'Eraſte qui auoyēt imploré l'aide de la iuſtice, de laquelle s'il euſt eſté pris ſes affaires eſtoyent en mauuais eſtat. Tandis qu'il rode aux enuirons d'Ausboug, cōme celuy qui n'eſpioit que les occaſions de ſe vanger de ſa Maraſtre & de ſon Galád, Arnobe ne manqua pas de faire ſon coup: car ayant en vne compagnie, ou ſe trouua Damaris, blaſme la rigueur qu'on exerçoit contre ſon Amy, & ſouſtenu que l'accuſation qu'on auoit faicte cōtre

DAMARIS. 145

tre luy estoit aussi fausse que l'aduis veritable qu'il auoit donné à son Pere. Damaris, qui se veid en mesme temps arracher les deux yeux, commença par des termes si outrageux & si hautains a repartir à celuy qui l'attaquoit & sans auoir esgard à sa qualité elle luy dit des iniures & luy fit des menaces qui mirent Arnobe en telle colere qu'il fut sur le point de ioüer du poignard plustost que du razoir. Mais iugeát qu'il valloit mieux tenter le moins, & rauir à cette affettée ce qui luy restoit de beauté

G

auant que luy faire mordre la terre, il luy dōna vne couſtellade au trauers du viſage, qui luy fit vne balafre ſi memorable, qu'encores que la playe gueriſt, il n'y auoit que la cendre du cercueil qui en peuſt effacer la cicatrice. O Dieu! de quel cœur receut tel affront ceſt eſprit enragé & indomptable: j'auoüe que ie n'ay point de termes propres pour bien repreſenter la grādeur de ſon d'eſplaiſir. Quād on r'apporta à Volfang ce viſage qu'il adoroit ainſi cruellement gaſté, quels feux & quels carnages ne vomitil il par la bouche. Vne Dame de ceste qualité ne s'offence pas ainsi sans punition. Son Mari estoit des plus apparés de la ville, encores qu'elle eust dit à Arnobe des parolles fort offenciues, neantmoins il n'y auoit celuy qui ne jugeast la repartie beaucoup plus fascheuse que l'attaque; ce fut à cestuy-cy de s'absenter de la ville, luy estát plus asseuré d'estre oiseau de campagne que de cage. Voila où la folle amitié precipite ceux qui par les passions d'autruy se iettent en vne ruine euidente. La playe estát legere, & seulement en la peau, elle fut aussi-tost guerie par des baumes & autres medicamens precieux : mais l'vlcere du cœur fut incurable. Tous les matins à la veüe de son miroir la balaffrée, comme vne autre Helene ridée, ne pouuant arrester ses larmes, & quoy qu'elle n'eut pas perdu beaucoup de beauté, elle en estimoit le d'eschet autãt inestimable qu'irreparable. C'est maintenant qu'il se faut venger ou mourir, & que sa vengeance ne peut estre assouuie que par la mort desdeux amis. Ils auoyẽt pris

pris l'essor, il falloit des appeaux pour les faire venir brusler à la chádelle, ou traitter vne paix fourrée pour auoir le moyen de les perdre. Que fait elle par ses artifices elle fait entendre à Volfang que c'est só fils qui la fait accómoder de la sorte, & que iamais Arnobe (qu'elle n'auoit iamais offencé) n'eust entrepris vne telle temerité s'il n'y eust esté poussé par Macrin: elle le prie donc de commander à son fils (s'il veut r'entrer en ses bonnes graces) de vanger sur Arnobe l'affront fait à sa femme, autrement qu'il l'en croira l'inſtigateur. Macrin, qui eſtoit d'eſpité de ce que ſon Ami n'auoit pas creu ſon conſeil & ne s'eſtoit tout à faict deſpeſché de ceſte femme, & d'autre part deſireux de s'en iuſtifier deuant ſon Pere, & de r'entrer par ceſte reconciliation en vne meilleure fortune, ſe reſoult à vne choſe la plus barbare & indigne que l'on puiſſe imaginer, & qui nous doit biē apprendre qu'il n'y a point de vraye amitié que celle qui eſt fondée ſur la vertu, & que l'amitié perit lors qu'on porte

te l'ami à des actions vicieu-
ses. Il fit appeller Arnobe,
fondant sa querelle (& vraye
querelle d'Allemand) sur ce
qu'ayant espargné son enne-
mie il auoit manqué à son
amitié, & sur ce qu'il esperoit auoir bon marché de la
vie de celuy qui n'auoit pas
eu le courage ny la force de
l'arracher à vne femme. Arnobe estimant que ce cartel
eust esté faict de gayeté de
cœur, & que son amy eust
tout-autre chose à luy dire,
se treuue au lieu assigné auec
la seule espée qu'il auoit ac-
coustumé de porter. Quand

G 4

il vit arriuer Macrin tout furieux auec vne grande eſpée de combat & vn poignard à coquille, ayant la mine d'vn homme qui n'eſtoit pas venu là pour s'en retourner ſans joüer des mains, il pût l'adoucir de parolles, mais l'autre plus enragé qu'vn Tigre ne le voulant pas ouyr vient à luy auec le poignard & l'eſpée pour le percer. Arnobe luy remonſtre l'inegalité des armes, & la ſupercherie dont il vſoit en ſon endroit, proteſte qu'il eſt ſon amy, qu'il n'a iamais penſé de l'offenſer. Macrin enfőce touſiours,

&

& l'autre pare & recule. En fin ce brutal attaquant plus sourd qu'vn Aspic, plus inexorable qu'vn Lyon contre toutes les Loix non pas de l'Amitié ou de la Cheualerie, mais de l'humanité, le perce en diuers lieux & le couche mort sur la place. Voila ce que c'est de seruir ses amis en des occasions iniustes, & le salaire qu'on en doit attendre. La Marastre, vangée de son plus grand ennemi par vn autre qu'elle nahissoit pas moins mortellement, fut si aise de ceste nouuelle, que presque elle en perdit le souuenir de sa balafre. Mais ce n'est rien fait d'auoir commencé, il faut qu'elle acheue d'exterminer toute la race de Volfang, faisant à Edite la grace que Polyfeme promettoit à Vlysse en le reseruant pour son dernier morceau. Apres la sanglante executiõ d'Arnobe, Macrin pensant s'estre iustifié (si c'est iustifier que de se charger d'vn crime detestable) se treuue par les artifices de sa Marastre plus esloigné qu'auparauant des bõnes graces de son Pere, lequel aueuglé d'Amour enuers cete femme, & de haine ne enuers ses enfans, la faict par vn testament solemnel son heretiere, dejettant de tous ses biens son fils & sa fille: faisant ainsi passer son heritage en vne main estrangiere, recompésant celle qui le trahissoit, & comme Ioab disoit à Dauid, hayssant ses amis & cherissant ses ennemis. Quels remords en la cóscience, & que de desespoirs au cœur de Macrin, se voyāt les mains ensanglantées, & se sentant coulpable de la mort du meilleur amy qu'il eust au monde, & outre cela en la haine de son Pere plus auant que iamais. La voix de le sang, comme celuy d'Abel & d'Vrie, crie sans cesse à ses oreilles, & luy attache des furies au collet qui ne l'abandonnent ny la nuict ny le iour. Il erre vagabond comme vn autre Caïn, croyant tousiours auoir la Iustice humaine à sa suitte, & le glaiue de la diuine pendu sur sa teste.

Ainsi va fugitif le perfide homicide
S'entant les fouets cruels de plus d'vne Eumenide;
Les Paniques terreurs, les furieux remords

Luy

Luy causent sans mourir mille especes de morts.
Il se cache le iour, il vague la nuict sombre,
Il fuit son doux pays, il a peur de son ombre,
Ce qu'il voit l'espouuante, il craint tout ce qu'il oit,
Et semble que ce Tout soit pour sa fuitte estroit.

Cependant l'impudicité, qui a tousiours l'impudence à sa suitte, faict que Damaris n'ayant plus ce luy sembloit de surueillans en ses actions, apres auoir escarté les enfans de son Mary, & n'ayant plus de couleur legitime pour attirer Eraste chez elle à la veuë

veuë d'vn chascun, tout ainsi qu'vn cheual indompté qui prend son frein au dents & suit son caprice non l'addresse de celuy qui le conduit, & tout ainsi qu'vn torrét qui a rompu ses digues, sans penser à ce signe que la iustice du Ciel par les mains d'Arnobe auoit imprimé sur son visage comme vne honteuse marque de son intemperance, plus ardante & plus embrasée que iamais pour Eraste, le voit par les côpagnies, luy parle librement deuant l'assistance, & comme si les heures qu'elle desroboit la nuit nuict aux costés de son vieux resueur n'eussent peu estre suffisátes pour entretenir son Adonis, elle veut rendre le Soleil participant de ses folies, & le rendre plus rouge de sa hóte ou plustost de son effronterie que de ses rayós. Edite faschée d'entédre que par la ville on mesdisoit tout haut de la sottise de son Pere, qui, comme le Villageois de la fable nourrissoit dans son sein le serpent qui le deuoit perdre, excita quelques vns des plus notables d'entre ses parens pour luy remonstrer & luy faire cognoistre que

que son lict pollué par vn adultere tant notoire, & sa renommée exposée au pillage de la mocquerie, qu'il auisast à donner ordre à ce desreiglement qui ne menaçoit sa maison de rien moins que d'vn total embrasement. Il creut au commencemét que ces auis prouenoit de la suggestion & de l'artifice de son fils qui faisoit dire par autry ce qu'il ne pouuoit auancer luy mesme, n'osant paroistre à Ausbourg, à cause du meurtre d'Arnobe. Mais en fin ces remonstrances reïterées luy firent ouurir les yeux & penser fer à foy mefme. Les foupçõs, qui font naturels aux vieilles gens, le viennent affaillir & engendrerent en luy la curiofité, effect infeparable de cette caufe. Non content de fes propres aguets, il met encor en fentinelle quelques fidelles feruiteurs, qui n'eurét pas long temps efpié fans cognoiftre les mauuaifes pratiques de Damaris & d'Erafte, & fans faire efchange de leur coniectures en des veritez qui n'eftoyent que trop euidentes. Ils en vindrent iufques là de faire voir à Volfang la trahifon de fa femme me en des actions contre lesquelles on ne peut treuuer d'assez sanglantes inuectiues. Tant il est vray, que quand les pecheurs sont arrimez au comble de leur iniquité ils m'esprisent tout, & honneur & reputation, & seureté & crainte de Dieu ; & comme ils sont aueuglez en leurs maux ils pésent que personne n'y prenne garde, iusques à dire selon le Prophete, *Le Seigneur ne nous verra pas & le Dieu de Iacob n'en cognoistra rien.* Comme si celuy qui à faict les yeux en estoit d'espourueu, & celuy qui à faict les oreil-

oreilles estoit sourd & sans la faculté d'entendre. Alors les estoilles tomberent des yeux de ce Mari abusé: mais d'autres choses, s'esleuerent en sa teste. Aussi-tost les regrets d'auoir si mal traitté ses enfans arriuerent en son cœur, son incredulité luy fit connoistre les fautes qu'il auoit faittes, & comme par ces secondes nopces, faictes hors de temps & de saison, il auoit mis sa famille dans vne decadence irreparable. Son esprit animé de courroux, & allumé de jalousie, appelle toutes les vengeances deuát soy pour choisir celle qui sera la plus conuenable pour lauer ceste offence dans le sang des coulpables. Mais comme l'âge luy auoit r'affroidy le sang, & l'experience apporte ceste sagesse qui ne vient chez nous que par l'vsage, il creut qu'il estoit plus à propos de la prendre à la sourdine qu'a la trompette, estimant qu'il pourroit recueillir les pieces de sõ desbris & reparer aucunement son naufrage en conseruant les biens à ses enfans auec quelque sorte d'honneur. Il faict secrettement sçauoir à son

son fils qui alloit errant par la Franconie, la Suaube, & l'Alsace, qu'il a reconnu la verité des mauuais deportemens de sa femme auec Eraste, qu'il se repend des mauuais traittemés qu'il à faicts à son innocence, & qu'il le conjure de le venir treuuer pour l'aider à prendre vengeance de ceste mescháte & de son abuseur. Macrin qui auoit experimenté tant de malices de sa Marastre, & qui cognoissant son humeur implacable sçauoit que jamais elle ne luy pardonneroit l'affront qu'elle croyoit
qu'Ar-

qu'Arnobe luy euſt faict à ſon inſtigation, negligea cette lettre de ſon Pere, eſtimāt que ce fuſt vn ſtratageme dreſſé par Damaris pour le prendre au piege, & le faire punir par la Iuſtice de l'aſſaſinat d'Arnobe. Voila Volfang deſtitué de ſecours de ce coſté là : d'entreprendre luy meſme de tuer Eraſte c'euſt eſté vne temerité manifeſte, car la vigueur de l'autre & ſen addreſſe aux armes, dont il alloit touſiours bien garny ſelon la couſtume de ceux qui font de ſemblables menées, l'euſt pluſtoſt

stoſt mis aux termes de deffendre ſa vie que de l'oſter à ſon ennemi. Il ne s'en pouuoit deffaire que par embuſches. Les aſſaſſins eſtoyent autrefois des peuples releguez en vn coin du monde, maintenant ceſte nation s'eſt reſpanduë par tout l'vniuers: l'on en treuue en tous lieux pour de l'argent. Volfang eſtoit riche, ſi bien qu'auec ce metail qui eſt l'aimant de ces cœurs ſanguinaires & accouſtumez au maſſacre il en prattiqua aiſement quelques vns pour ſe deffaire de c'eſt adoleſcent. Il luy euſt eſté
faci-

facile de prendre les complices sur le fait: car Damaris en estoit venue iusques à ce degré d'effronterie de l'introduire presque toutes les nuits auec vne eschelle de corde dans vne des chambres de sa maison. Mais parceque cela eust fait trop de bruict, & en luy mettát deux familles sur les bras, qu'il eust eües pour aduersaires, cela l'eust rendu la fable des peuples, il iugea selon la prudence de la chair (que l'Apostre nomme vne mort) qu'il estoit plus à propos de se despestrer de ces miserables sourdement & se-
pare

parement Vne nuict donc, qu'a la veuë des yeux du Ciel Eraste reuenoit de ces larcins ordinaires, il se veit assailli par la ruë de trois ou quatre grands meurtriers armez iusques aux dents, que quelque resistance qu'il peut faire pour conseruer sa vie le coucherent roide mort sur le carreau. Voila comme les hommes de chair & de matiere perissent malheureusement dans le sang. La douleur de Damaris, quand elle sçeut le lendemain la mort de ce bel Adonis, que côme vn Endimion elle receuoit toutes les nuits entre ses bras criminels & adulteres, ne se la peut bien representer : car bien qu'elle fust affligée iusques à l'extremité, la crainte de descouurir son amour retenoit seulement, & suffocquoit ses souspirs dãs sa poitrine, & ne donnoit point par sa bouche de passage à ses plaintes. La premiere pensée, qui luy vint en l'esprit, fut que Macrin auoit faict ce coup la, dequoy r'allumant sa vengeance d'vn brandon plus ardant elle se remit sur ses caresses & mignardises ordinaires quand elle vouloit

loit faire glisser ses artificieuses persuasions dans l'esprit de son mari, & le voulant induire à faire punir son fils qu'elle disoit auoir fait faire cest assassinat. Alors voyant sous ce masque trompeur les duplicitez de ceste perfide, encor qu'il eust resolu de cõbattre ses finesses par d'autres & luy demander quel interest elle auoit & en la mort d'Eraste & au chastimēt de Macrin; neantmoins la iuste indigation fut si forte, que vomissant contre elle toutes les iniures que la rage arrache d'vne langue où elle
H 2

à respandu son venin, il ne donna que trop a cognoistre qu'il auoit part en ce meurtre, & que si le fils l'auoit executé ce n'auoit esté que par l'aueu & le commandement du Pere. Elle se tint pour descouuerte & pour perdue, & sa conscience qui luy seruoit de mille tesmoings luy donnoit des eslans & des gesnes espouuantables.

Le iour les soucis presidans
Condamnoyent sa coulpe au dedans,
Et la peur la gesne luy donne:
Sergent dont la commission
La point sans intermission,
La persecute & la talonne.

La

La nuict les fantosmes volans
Claquetans leurs fouets violens
En sifflant son ame espouuantent,
Et les furies, qui ont soin
De vanger le mal, ont au poing
Les fleaux dont elles la tourmentent.

Ce fut lors que sous le pretexte des outrages, que luy auoit dit son Mari, elle s'abandonna aux pleurs, aux sanglots, & aux doleances, se rendant d'autant plus criminelle qu'elle faisoit plus haut resonner son innocence. I'aurois honte de reciter les regrets qu'elle fit sur la mort d'Eraste, quand elle se fut retirée dans sa chambre & en la liberté d'exhaler ses souspirs : ils me font souuenir de ceux que vit le Prophete dás le Temple qui pleuroyent la mort d'Adonis. Mais mettát sa consolation dans la vengeance, apres auoir deschargé son courage par ses sanglots, elle se resolut d'immoler à Eraste ceux-la mesme qui l'auoyent sacrifié à leur fureur, & de respádre sur son tombeau vne humeur plus rouge que des larmes. Elle jugea bien, prudente qu'elle estoit, que Volfang n'é estoit pas venu à ceste execution sans s'estre apperçeu de ses des-

desbauches, de telle façon qu'il ne luy restast aucune doute qu'elle ne l'eust trahi, si bien qu'elle n'esperoit pas vn meilleur traittement que son complice. Pour se mettre à labri de ceste tempeste elle voulut sortir de la maison de son Mari : mais elle se vit frustrée de son desir, quand elle se sentit enfermée dans sa chambre que le vieillard luy donna pour prison. Tandis qu'elle emplit l'air de ses cris les voisins y accourent, & aussi tost elle leur dit que c'est son Mari qui par son fils Macrin à faict meurtrir Eraste par vn faux ombrage que sa jalousie luy auoit fait prédre contre elle. Cela est r'apporté aux parés d'Eraste, qui outrez de douleur pour la perte de leur cher enfant, Gentil-homme de belle esperance, si comme vn Sanson il ne se fut perdu dans le sein de ceste Dalila; ils intentent action en Iustice contre Volfang, qui nie tout à plat d'auoir donné conseil ny consentement à ce meurtre; soustient mesme que son fils est innocent, duquel il offre de preuuer l'alibi. Les Assassins s'estans sauuez & l'acte s'estant

stant commis de nuict il n'y auoit pas de moyen de conuaincre le vieillard, il failloit que la Verité fille du Temps à l'aide de son Pere vint en euidence, & que le feu sortist du milieu des cailloux pour dóner lumiere à ce fait, & que les voix s'esleuassent d'entre les pierres. Macrin est crié à son de trompette & cité pour comparoistre dans trois iours: mais le meurtre d'Arnobe, dont il estoit attaint & conuaincu, l'empeschoit d'approcher des murailles d'Ausbourg. Ne comparoissát pas il est tenu pour

coulpable, mesme en ce dernier fait dont il estoit entierement innocent. On procede contre luy, & les parens d'Arnobe s'estás joints auec ceux d'Eraste le font condáner à estre decapité en effigie, quelque effort que fist Volfang pour destourner ceste ignominie de son visage. Cependant la prisonniere masche son frein dás sa geolle, attendant à tout moment que son Mari la fist estrangler comme il l'en auoit menacée. Que fit elle pour preuenir ce desastre. Vne seruante qui luy portoit à manger,
ayant

ayant esté ministre de ses sales passions, le fut encore de sa furieuse vengence. L'or & les pierreries, ioincts aux promesses qu'elle luy fit de la faire riche, esblouirét cette miserable, qui pour sauver la vie à sa maistresse abregea les iours de son maistre, iettant dans sa viande vn poison qui n'estoit pas present, de peur que l'on ne se doutast que sa femme l'eust empoisonné. Tandis qu'il a sa propre mort dans le sein, il n'a dás la pensée que celle de sa femme. Il auoit bien projetté de luy faire aualer vn

morceau funeste, ou de couler la mort dans son boüillõ: Mais elle, qui s'en deffioit, ne prenoit point de viure que de la main de sa confidente. Si bien, que ne pouuãt plus supporter l'impetuosité de son desir de vengeance, voyant son fils executé en effigie, toute la ville abbreuée des mauuais deportemés de sa femme; bref se connoissant ruinée de biens & d'hõneur, le desespoir le porta à entrer de nuict en la chambre qui seruoit de prison à Damaris, & là estant accõpagné de deux satellites apres
uole

luy auoir reuelé à sa face toutes ses ordures, & craché au visage toutes ses meschancetez, il luy donna le choix de trois morts, en luy presentant de la poison dans vne coupe, vn poignard, & vn licol. Elle qui auoit oublié Dieu durãt sa vie ne s'é souuint point en ceste extremité, estant bien juste (dict S. Augustin) que celuy perd la memoire de soy mesme au dernier passage, qui ne la poiñt eüe de Dieu durant qu'il a vescu. Mais plus enragée malicieuse, & furieuse que iamais elle respondit en mesme ton à ce
vieil-

vieillard, luy reprochant la mort d'Eraſte en la meſme façon que ſi ce ieune homme euſt eſté ſon Mari, dont elle euſt regretté la perte en la preſence de ſon meurtrier. Volfang, deſpité de ſe voir couurir de tant d'opprobres par ceſte puante bouche, alloit luy enfoncer dans le ſein le poignard qu'il tenoit, s'il n'euſt redouté que le ſang euſt deſcouuert ſon action; il commanda à ſes ſatellites de ſerrer la voix & la vie à ce gozier infame qui luy vomiſſoit sás ceſſe des iniures. Mais Damaris, auec des yeux eſtin celants

celants de courroux, prenant la coupe en main fit choix de ce genre de mort, en luy disant: va cruel, va vieux tison, va barbare, voila le dernier brinde que ie te porte, mais sçache que ie ne mourray pas sans estre vengée, car si ce venin que tu me donnes est present & violent, tu en as vn lent dans ton miserable estomac qui dans trois iours te metra au mesme point où ie me voy maintenāt reduitte. Cela dit, elle auala la poison d'vn grād courage, qu'elle appella la medecine de toutes ses langueurs: & ainsi en en vn moment la froideur ayant esteint sa chaleur naturelle parmi des blasphemes, des imprecations, des desespoirs, & des outrages son ame s'en alla en son lieu. Mais quel glaçon s'empara de la poitrine de Volfang quand il apprint que la mort estoit entrée dans ses entrailles par la fenestre de sa bouche, ainsi que l'Ichnuemon entre dans le ventre du Cocodrile pour luy percer le flanc & le tuer. Il se retira tout tremblant portant ainsi qu'Vrie le pacquet de sa cõdamnation dans son sein. La seruan seruante affidée, sçachant la mort de sa maistresse, s'ẽ fuit aussi-tost de peur d'estre trouuée coulpable de celle de son maistre. Mais ce ne fut pas sans faire sçauoir à vne autre femme, & par celle cy à toute la ville, que Volfang auoit empoisonné Damaris. Les parens de cette Marastre la font visiter auant qu'on la mist au cercueil. La poison se treuue toute fresche autour de son cœur. Violente preuue contre le vieillard: lequel s'estant mis au lict se faisoit traitter comme empoisonné luy mesme, & prenoit diuers

anti-

antidotes. Les morts ne parlét point, il recónoit que Damaris est empoisonnée: mais il nie luy auoir donné de la poison, se plaignát au cótraire d'auoir esté empoisonné par elle, & que peut-estre elle s'estoit empoisonnée elle mesme pour preuenir la main de la Iustice. Durát que l'on fait les formalitez, arriué l'effet de la poison que Volfang auoit prise, laquelle estoit desja tellement entrée & encrée en sa substance que les remedes pour la chasser se treuuerét trop foibles. Se voyant donc condáné à la mort par les Medecins, qui jugeoint aux simptomes & aux conuulsions qui le tourmentoyent son mal irremediable, il crût qu'a ce dernier point la verité deuoit sortir de sa bouche. Il se côuertit à Dieu, qui luy toucha & ouurit le cœur. Il supplia, qu'en faueur de sa franche & libre declaration l'on pardonnast à sa memoire. Là dessus il descouurit tout ce qu'il auoit apprins des maumais deportemēts de sa femme; declara son fils innocent du meurtre d'Eraste, auquel il l'auoit commis & en auoit esté esconduit ; il s'en rendit coulpable, & dit de qu'elle

façõ il en auoit esté l'autheur. Il se chargea mesme autant qu'il pût du meurtre d'Arnobe, disant qu'il y auoit poussé Macrin par les instigatiõs de Damaris, sous esperance de le mettre en ses bonnes graces; demandant que l'on pardonnast à sa jeunesse, qui n'auoit esté poussé à cet exces que par le desespoir où il l'auoit reduit par son mauuais traictement. La dessus il expira tesmoignant beaucoup de repentances de ces fautes. La verité estant ainsi mise au jour, la Iustice se saisit du corps & des biens, & pardõ-
nant

nant à l'vn qui n'auoit plus de sentiment en condamnāt sa memoire cōfisqua ses biés & ceux-la mesme de Damaris comme adultere & coulpable de la mort de son Mari, & les declara acquis à la Republique. Iuste Ciel, qui veilles sur la conseruatiō des justes & des innocens, & qui as les oreilles attentiues à leur requeste, & aussi qui tournes tes yeux indignez sur les meschans pour dissiper leur nom & perdre leur memoire en la terre, n'est-ce pas toy qui amenas Macrin, ce papillon voltigeoit au
païs

païs circõuoisins pour brusler ses aisles au flambeau des funerailles de son Pere? Ses amis l'aduertirent que son Pere l'auoit deschargé, & declaré innocent : & que pour conseruer quelque partie de ses biens, ou au moins retenir ceux de sa Mere, il deuoit reuenir & se mettre en l'estat d'vn homme qui demande grace. Au desespoir, ou il se voyoit reduit, il luy fut aisé de prendre inconsiderément ce conseil; mais il n'entra dãs la prison que pour en sortir condamné à perdre la teste sur vn eschafaut, à cause de l'ho l'homicide d'Arnobe. Ainsi voulant sauuer ses biens il perdit la vie, & reçeut la iuste punition de son iniuste duël. Quant à Edite la pitié que l'on eut de sa condition, & la connoissance claire de son innocence, firent que la Republique l'adopta pour fille & se chargea de la marier honnorablement & selon la qualité de sa naissance. De pareils euenemés, que celuy que ie viens de reciter, fournissent tous les iours de subjects à l'exercice des Poëtes. Il y en eut qui fit le Tombeau des Deux Amans (ainsi appel appelloit-il Eraste & Damaris) releuant indignement leur affectió iusques au Ciel, encor qu'elle tirast son origine des Enfers, & regrettant leur infortune & leurs morts tragiques auec des termes si mignards & si polis, qu'il sembloit qu'il eust pris à tasche de changer Thais en Lucrece, & de mettre le vice sur le sacré throsne de la vertu. Mais il y en eut vn autre, zelé pour la gloire du veritable honneur, qui respondit a ce Poëtastre bien vertement, emplissant de honte celuy qui faisans parade de sa confufusion n'auoit mis ses Vers au iour que pour faire rougir le Soleil de son insolence. Ceux de ce Patron & deffenseur du vice meritent d'estre enseuelis dans l'oubli: mais ceux que le champion de la Vertu & de l'honneur fit, pour descrier ceux qui sacrifient leurs esprits & leurs trauaux à cette malheureuse Idole, meritent d'estre consacrez au souuenir de la Posterité.

DAMARIS.
STANCES.

Qvel est donc ce rimeur, dont la voix flatteresse
Desplore le trespas des mal'heureux Amans,
Dont les crimes punis d'vne main vangeresse
Ont bien plus merité que souffert de tourmens.

Il ne suffisoit pas à ceste Ame perfide
De violer d'Hymen le serment & le lict,
Si pour auoir encor le titre d'homicide
Elle n'eust augmenté d'vn meurtre ce delict.

Mal-heureux nostre siecle où les Diables sont Anges.
Falloit il que le vice en vertu se tournât

Iusqu'à

Iusqu'à les exalter par excez de loüanges
Martirs de l'adultere & de l'assas-
sinat?
Doit on nommer Amour ces fu-
rieuses rages
Qui sur tels fondemens bastissent leur bon-heur,
Quand l'aueugle desir qui pousse leurs courages
Les faict aimer leur honte & hayr leur honneur.
Croyons plustost qu'Amour, dont la saincte puissance
Concilia jadis les Elemens diuers
Pour tant de bons effects, cruellement s'offence
De son nom profané que l'on donne aux peruers.
Le Soleil ennuyé de prester sa lu-
miere
A des traits malheureux loüez in-

dignement.
Ne voulut remonstrer sa clairté cou-
stumiere,
Que pour nous faire voir leur iuste
chastiment.
Toy, qui pour les priser en Astres
les transformes,
Engouffre les plustost dans le fleuue
oublieux:
Car voulant ennoblir leurs crimes
plus enormes
Par des traicts de flateur tu les rends
odieux;
Et souhaitte en ton cœur qu'en son
trosne supreme
Le Iuge Souuerain des viuans & des
morts,
En tournant sa Iustice en sa Clemence
extreme,
Traitte plus doucement leurs Ames
que leurs corps.

Cette

Cette Histoire que j'ay fort peu estendue meritoit de plus amples considerations. En voicy quelquesvnes que ie marqueray briefuement, & que ie lairray ruminer au Lecteur. Volfang se remariant, apres auoir esté dans vn long & heureux mariage, tesmoigne qu'il n'auoit pas esté au conseil de celuy, qui, bié qu'il ne condamnast pas les secondes nopces (car ce seroit par exces de chasteté tõber dans l'Irreligion, & offécer la foy pour vne legere decence, en quoy de Religieux & Saincts personnages ont esté autrefois blasmez) disoit neantmoins qu'il les falloit imiter pour cette raison: ou vous vous estes biē treuués des premieres ou nõ; si bien, ne craignez-vous point de faire à la seconde fois vne mauuaise r'encontre, puisque les bonnes sont si rares, mesmes à la premiere? si mal, qui ne redoutera de tenter vn second naufrage? A quoy celuy qui se vouloit remarier repartoit; si l'on à esté bien durant les premieres nopces, pourquoy n'esperera-t'õ pas le mesme & encore mieux des secõdes, si mal? pour-

pourquoy n'essaiera-t'on pas de r'encontrer quelque meilleure fortune? ainsi toute medaille à son reuers. Mais le Mariage de Volfang si hors de saison ne peut-estre excusé par les plus sages, lesquels ou ne se marient point, ou disent que c'est tousiours trop tost ou trop tard pour esquiuer ce biē. Qui ne sçait ce que disoit c'est Ancien, que Venus est vne Deité irreconciliablement courroucée contre les vieillards. Et si des deux fins du sainct mariage ils ne peuuent esperer la plus honneste, qui est d'auoir lignée, ne voyét ils pas que l'autre, qui ne regarde que l'extinction de la conuoitise, leur iette vne tache d'intemperance sur le front en vn temps auquel la temperance ne leur est pas seulement bien-seante mais necessaire. Que si la ieunesse desreiglée, comme dit l'Orateur Romain, liure vn corps gasté & abbattu entre les bras de la vieillesse, qu'est-ce qu'vne vieillesse intemperáte sinon vn torrent qui marche à grands pas vers le cercueil. Ses deux enfãs si obeissans & si vertueux que sa fême me luy laiſſa en mourant, & qui furent ſa conſolation en ſon veufuage, monſtrenr à l'homme auiſé de ne prendre pas le tiſon par ou il bruſle, & de ne regarder pas tant les biens que Dieu nous liure comme ceux qu'il nous laiſſe,& que la couronne du Pere & de la Mere ſont les enfans bien nez. L'amitie d'Edite auec Damaris eſtant fille, qui ſe changea en haine quand celle-cy fut maiſtreſſe en effect, ce qu'elle n'eſtoit au parauant qu'en alliance, faict voir la verité de ce prouerbe; que l'authorité, les hōneurs & la puissance changent les meurs, & de douces & traittables les rendent fieres & arrogantes. Celle de Macrin auec Christine resséble à ces feux vollages aussitost esteints qu'allumez, à des fausses estoilles qui tombent sans se releuer, & à ces debiles vapeurs aussi soudainement dissipées qu'attirées. Só amitié auec Arnobe fait cónoistre, que celle qui est fondée sur la vertu est solide, mais qu'elle va en ruine soudain que ceste baze est sappée. Qu'il faut estre ami iusques à l'autel, c'est a dire, iusques

ques à Dieu & le prochain quand ils ne sont point offẽcez, mais quand il y va de la conscience & de la perte de l'ame il n'y a point d'amitié qui nous puisse obliger. Damaris en sa propre conduite estant fille nous apprend, que rarement les filles qui ont esté Maistresses de leurs biens & de leurs actions, & qui ont gousté de la liberté (qu'a peine l'on souffre aux jeunes vefues) sont propres à se soumettre aux deuoirs & aux obligations qu'ont les femmes mariées d'obeïr à leurs maris, & que ceux-la

sont prudens qui euitent ces rencontres. Car d'espouser sa Maistresse, c'est ce qu'vn hōme sage ne faict point. Elle, en son mariage continuant ses malices & ses humeurs hautaines & bigearres, declare l'ancien prouerbe ; que le Singe est tousiours Singe fust il vestu d'habillemens Royaux. Sa haine contre les enfans de sō Mari descouure le naturel & le pli ordinaire de toutes les Marastres. Celle qui eschappe à cette humeur peut estre tenue pour vn prodige de bonté. Ses d'eshonnestes prattiques auec Eraste,
que

que les premieres flammes se r'allument aisement, & que ceux qui ont esté mordus des bestes enragées guerissent difficillemét en la preséce des animaux qui les ont blessez; & en de semblables maux

Que l'absence guerit & la presence tue.

Par ses artifices à coururir son impureté, que les enfans du Siecle ne manquent pas de subtilité à couurir leurs malices ; Mais qu'en fin ce qui se prattique en cachette vient en euidence, & ce qui se dict en l'oreille se presche sur

sur les toicts: Par la funeste Catastrophe de c'et impudique accointance, apres tant de temps que la patience diuine employa à attendre ces criminels à repentance, faict voir que tost ou tard Dieu punit les crimes ne ratardāt que pour les chastier auec plus de seuerité.

Quand vne fois les Cieux se sentent irritez
Soudain n'offençent ceux qui les ont despitez,
Mais en temporisant punissent le merite
Au double de celuy qui pensat estre quitte.

*Ce n'est que pour un temps que l'on
 voit les mesfaicts*
*Demeurer impunis ou ceux qui les
 ont faicts.*
*Et mesme diroit-on, voyant que la
 fortune*
*A leurs mauuais desseins se demonstre
 opportune,*
*Que les Cieux sont pour eux, mais ils
 le font expres,*
*Affin de les punir plus aigrement
 apres.*

Et par le chastiment de c'et infame adultere nous apprenons, que les hommes de chair finissent ordinairemét dans le sang, & que ces personnes animales treuuét leur malheur sans qu'ils pensent estre

estre arriuez au comble de leur felicité. La mort precipitée de Macrin confirme ce mot du Psalmiste, que les hōmes sanguinaires ne font pas longue & n'arriuent iamais qu'a la moitié de la course de leurs iours. Le soin que la ville d'Ausbourg eust de l'inuention & de la simplicité d'Edite resmoigne, que comme Dieu se plaist en la conuersation des simples il les a en sa particuliere protectiō.

Aux saincts il sera sainct; l'homme qui marche droit,
Sincere & droitturier l'espreuue en son endroit,

*Qui plein de loyauté enuers luy se
 comporte,*
*Treuue qu'auecque luy il vit de mes-
 me sorte.*
*Le peruers, qui deçoit d'vn langage
 diuers,*
*Sera traitté de luy comme vn homme
 peruers.*
*Soulageant l'affligé des trauaux qui
 le grêuent*
*Il r'abbaisse les yeux qui superbes s'es-
 leuent.*

En somme il me semble, que comme dans vn petit miroir on voit en r'accourci les diuers objects qui se presentent en vn païsage, & aussi les diuers euenemés de cette narration se recueillent dans

dans la verité comprise en ce Sixain.

Dieu Eternel est Iuste autant que Debonnaire,
Et sa saincte equité paye à tous le salaire
Que meritent leurs faicts soyent connus soient cachez,
Encor que moins enclin aux peines qu'a la grace
Tous les iours sa bonté nos merites surpasse,
Et iamais sa rigueur n'esgale nos pechez.

FIN DE L'HISTOIRE
DE DAMARIS.

www.ingramcontent.com/pod-product-compliance
Lightning Source LLC
Chambersburg PA
CBHW051902160426
43198CB00012B/1709